살아있는 역사 재미있는 논술

❷ 고려 건국에서 병자호란까지

모난돌역사논술모임 지음

BM (주)도서출판 성안당

추천의 글

어린이들은 역사를 처음 만날 때 역사 만화나 어린이 역사책으로 만납니다. 흥미위주의 역사 만화는 읽기도 쉽고 재미있어 어린이들이 좋아합니다. 술술술 읽혀지다보니 많은 어린이들이 즐겨 찾는답니다. 최근엔 통사를 다루면서도 역사적 맥락을 잘 짚어 가며 다양한 이야기를 엮어내는 재미난 어린이 한국사 책이 많이 출간되었습니다. 예전보다 한국사 공부를 할 때 선택의 폭이 훨씬 넓어졌답니다.

그런데도 아직 역사 공부가 어렵다고 호소하는 친구들이 많이 있습니다. 선생님과 이야기를 나눠보면 그 친구들은 한국사를 단순한 암기로 생각하여 결과만 외우려고 합니다. 그러다보니 역사가 무척 어렵게 느껴질 수 밖에 없었던 거예요. 역사란 특별한 공간과 시간에 살았던 사람들이 엮어낸 사람들의 이야기입니다. 그 사람들 사이의 다양한 이야깃거리가 있는데 그건 다 빼고 결과만을 외우려하니 앞뒤도 맞지 않고 헷갈리기만 하는 것이지요. 책을 읽을 때 책 속에 담긴 숨어 있는 이야기를 찾아내고 재구성할 수 있을 때 책읽기의 재미에 푹 빠질 수 있는데 그러질 못한 것이 요즘 책읽기 모습입니다.

선생님들은 초, 중, 고등학교에서 학생들과 역사 공부도 하고, 체험학습연구회 (사)모아재 전국교사모임에서 역사 답사와 연구도 하고, 역사책을 펴내기도 했답니다. 그러다보니 많은 친구들과 부모님들이 어떻게 하면 역사 공부를 잘 할 수 있을까를 물어 보곤 하지요. 그때 마다 아쉽지만 뾰족한 답을 줄 수 없답니다. 역사 공부에 지름길은 없습니다. 자신에게 맞는 책과 방법을 찾아 꾸준히 익히는 것 외에는 달리 방법이 없어요. 역사책을 읽으면서 역사 속 인물이 되어 사건 속으로 뛰어 들어보기도 하고, 슬픈 역사의 순간에 나도 모르게 눈물이 주르륵 흘러내릴 때 진정 역사 공부의 재미를 알게 되는 것이랍니다.

역사 공부를 잘 하고 싶은 친구들!

친구들에게 좋은 소식이 있어요. 이번에 개정판을 출간하는 《살아있는 역사 재미있는 논술》을 보면서 선생님은 어린이 여러분들이 떠올랐습니다. 우리 친구들이 역사의 참 맛을 느낄 수 있게 잘 엮어진 책을 발견하게 되어 얼마나 기쁜지 모른답니다. 여러분이 역사 공부를 할 때보다 재밌는 방법을 경험할 수 있을 겁니다.

이 책의 특징은 역사 속에서 중요한 사건이나 인물을 선별하여 각 단원을 구성하고 있습니다. 이야기를 순서대로 읽다보면 우리 역사의 징검다리를 하나씩 건널 수 있게 만들어 놓았답니다. 좀 더 자세히 들여다 보면 역사 탐구, 역사 해석, 역사 토론, 역사에 비추어 보는 오늘, 첨삭지도와 부록으로 이루어져 있습니다. 하나 하나 읽고 문제를 해결하다 보면 역사의 실마리를 잡고 실타래를 풀어가는 경험할 수 있을 겁니다.

어린이 여러분에게 좋을 책을 소개할 수 있어 무척 기쁘답니다. 《살아있는 역사 재미있는 논술》과 함께 역사학자가 되어 보기를 권해봅니다.

체험학습연구회 (사)모아재 선생님 (김봉수, 김진호, 신대광, 조성래)

" 최신개정판에 부쳐 "

사람은 살아오면서 겪고 듣고 배운 것 가운데에서 옳은 것은 실천하고 옳지 않은 것은 피하고 버릴 줄 안다. 경험에서 배우고 성장해 나가는 것이다.

역사도 마찬가지다. 우리가 역사를 공부하는 까닭은 지나온 역사에서 잘못된 부분은 바로잡고, 잘된 부분은 계승해 나가기 위함이다. 그러기 위해서는 역사를 제대로 알아야 한다.

《살아있는 역사 재미있는 논술》은 이러한 문제의식에서 출발한 책이다. 그래서 역사는 지루하고 힘든 암기 공부가 아니라 재미있고 즐거우며 과거를 통해 미래를 여는 살아있는 배움터라는 사실을 알려주려고 노력했다.

세상 어떤 일이든 그 일이 일어난 데는 이유가 있고 순서가 있다. 논술이란 그 이유와 순서를 따라잡는 글이다. 따라서 역사를 읽는 것만으로 자연스럽게 논술 공부가 되도록 만들었다.

《살아있는 역사 재미있는 논술》이 독자들을 만난 지 10년이 되었다. 세월이 흐르면서 새로운 역사 연구도 쌓이고 역사 교과서도 조금씩 바뀌었다. 또 교육 환경도 많이 변화했다. 이런 변화에 발맞추어 내용을 더할 것은 더하고, 뺄 것은 뺐다. 이전 책에서 부족했던 부분도 보완했다. 또 표현이 부자연스러운 부분은 고치고 다듬었다.

기존 108단원이었던 것을 60단원으로 줄였다. 6권이던 책은 본책 4권에 논술 워크북 1권을 더한 5권으로 줄였다. 1권은 《인류 등장에서 후삼국 통일까지》, 2권은 《고려 건국에서 병자호란까지》, 3권은 《붕당 정치에서 관동 대지진까지》, 4권은 《한인 애국단에서 대한민국까지》이다. 그리고 5권은 기존 논술 코너를 재정리한 논술 워크북으로 만들었다. 이런 과정을 거친 《살아있는 역사 재미있는 논술》 최신판은 새로운 책으로 독자들을 만나게 될 것으로 생각한다.

모쪼록 이 책을 통해 역사 속 사건에 대한 인과 관계를 파악하고 판단을 내릴 수 있기를 바란다. 또 자기 생각을 표현하는 과정 등을 거치며 역사의식과 논리력이 한층 성장되기를 바란다.

아울러 현재는 과거가 쌓여 만든 결과물이다. 현재에 가까울수록 우리들 삶에 많은 영향을 미치고 있다. 하지만 우리네 역사 교육은 고대사부터 조선 시대사까지는 쉼없이 달려오지만 근현대사에 이르러 주춤하는 경향이 있다. 학교에서도 시험 이후에 진도가 나간다는 이유로 현대사에 소홀해지기도 한다. 현대사에 조금 더 관심을 가지고 고민을 해 주기를 바란다. 가까운 역사가 우리네 삶에 더 큰 영향을 미치고 있으니 말이다.

역사 논술 저자 일동

이 책의 생김새와 쓰임새

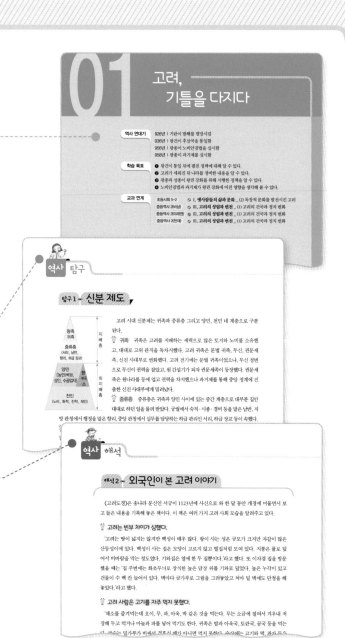

역사 토론

역사 사건이나 인물 가운데에서 논쟁거리가 될 만한 것을 내세워 이 책을 읽는 이는 어떻게 생각하는지 묻는 단계입니다. 두 가지 가운데 한 가지를 고르거나 여러 가지 가운데 한 가지를 골라 쓰거나 자기만의 다른 생각을 쓰면 됩니다.

역사에 비추어 보는 오늘

역사 사건에 비추어서 오늘날의 문제를 살펴보는 단계입니다. 역사에서 얻은 교훈을 바탕으로 오늘날의 문제들을 슬기롭게 해결해가는 방법을 배우도록 하였습니다. 정해진 답이 있는 것은 아니므로 자기 생각을 편안하게 쓰면 됩니다.

첨삭 지도

'역사 탐구'와 '역사 해석'에서 묻는 질문들에 대한 정답과 '역사 토론'과 '역사에 비추어 보는 오늘'에서 묻는 질문들에 대한 학습 가이드와 예시 답안을 담고 있습니다. 공부를 하다가 생각이 열리지 않을 때 펼쳐보면 문제를 해결하는 데 도움이 될 것입니다.

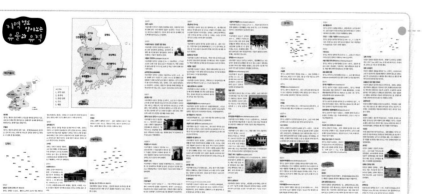

테마가 있는 부록

각권마다 역사 공부에 도움이 될 자료들을 배치하였습니다. 이 책에서는 지역별로 알아보는 유물과 유적을 담았습니다.

차 례

배운내용 토론하기

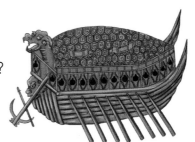
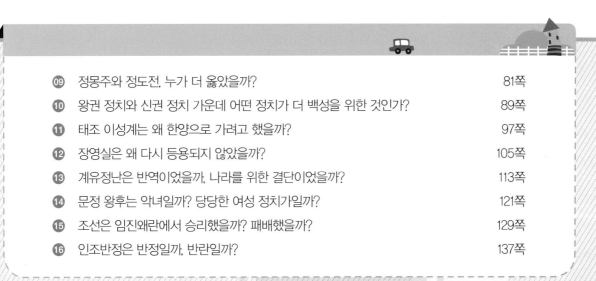

역사에 비추어 보는 오늘

※지난 역사 사건에 비추어서 오늘날 상황 및 문제를 살펴보고 생각해 보는 꼭지입니다. 오늘날 상황과 문제에 대한 슬기로운 해결 방법을 찾아보세요.

고려,
기틀을 다지다

학습 목표

❶ 왕건이 통일 뒤에 펼친 정책에 대해 알 수 있다.

❷ 고려가 세워진 뒤 나라를 정비한 내용을 알 수 있다.

❸ 광종과 성종이 왕권 강화를 위해 시행한 정책을 알 수 있다.

❹ 노비안검법과 과거제가 왕권 강화에 미친 영향을 생각해 볼 수 있다.

◀ 고려 5도 양계

탐구 1 · 후삼국 통일 뒤 왕건이 펼친 정책

936년 후삼국을 통일한 왕건은 민족 융합 정책, 북진 정책, 숭불 정책 등 크게 세 가지 방향을 정하고 나라를 다스렸다.

💡 **민족 융합 정책** 왕건은 후삼국을 통일하면서 지역에서 큰 힘을 떨치는 호족을 자기편으로 만들기 위해 혼인 정책을 펼쳤다. 스물아홉 명이나 되는 각 지방 호족 딸과 결혼해, 아들 스물다섯 명과 딸 아홉 명을 두었다. 또 통일 과정에서 큰 공을 세운 호족과 신하에게 왕씨 성을 나누어 주어 친척으로 만들기도 했다.

발해가 멸망한 뒤 많은 유민이 고려로 오자, 그들을 받아들여 살 수 있도록 해 주었다. 이로써 후삼국에 발해 유민까지 더한 민족 융합을 이루게 되었다.

💡 **북진 정책** 왕건은 고려가 고구려를 계승한 나라임을 내세워 잃어버린 옛 고구려 영토를 되찾는 데에 힘을 쏟았다. 고구려 영토를 차지하고 발해를 멸망시킨 거란을 적국으로 대했으며, 폐허로 버려진 서경에 동생인 왕식렴을 보내 제2수도로 삼고, 북진 정책을 펼치는 전진 기지로 개척했다. 그 결과 안주와 영흥 지방을 차지하고 북쪽으로 영토를 넓혔다. 나중에 압록강 유역까지 영토를 확장하는 원동력이 되었다.

💡 **숭불 정책** 왕건은 유언으로 뒤이은 왕들이 나라를 다스리는 데에 근본으로 삼아야 할 10가지 가르침인 '훈요 10조'를 남겼다. 이 가운데 세 가지가 불교에 대한 것일 정도로 불교를 중요하게 여겼다.

> 1조 불교 힘으로 나라를 세웠으니, 불교를 잘 위할 것.
> 2조 불교 사원을 함부로 짓지 말 것.
> 6조 연등회와 팔관회를 소홀히 하지 말 것.

탐구하기 후삼국을 통일한 왕건이 나라를 다스리기 위해 세운 세 가지 방향은 무엇인가요?

1) _____

2) _____

3) _____

탐구 2 ─ 왕권을 강화시킨 광종과 성종

혜종, 정종에 이어 고려 4대 임금 된 광종은 호족 세력을 누르고 왕권을 강화할 수 있는 정책을 추진했다. 독자 연호 사용, 노비안검법과 과거제 실시, 사색 공복제 시행 등이다.

949년에 왕위에 오른 광종은 '광덕'이라는 독자 연호를 사용했고, 960년에는 '준풍'을 사용했다.

956년에 시행한 '노비안검법'은 본래 신분은 양민이었으나 전쟁에서 포로가 되었거나 빚을 갚지 못하여 강제로 노비가 된 자를 조사해 양민으로 되돌아가게 한 법이다. 호족이 거느린 노비를 줄여 호족 세력을 약화시켰다.

958년에는 후주에서 귀화한 신하인 쌍기가 낸 제안을 받아들여 '과거제'를 실시했다. 과거 시험은 양인이면 누구나 볼 수 있었으며, 신분보다는 능력이 뛰어난 신하를 뽑을 수 있었다. 과거 시험을 보기 위해서는 유학을 공부해야 했기 때문에 신하로 뽑히면 유교 가르침에 따라 임금에게 충성을 다해서 왕권도 강해졌다.

또 벼슬이 높고 낮음에 따라 관리가 입는 옷 색깔을 다르게 하는 '사색 공복제'를 시행했다. 벼슬에 따라 입을 수 있는 옷 색깔을 지정해 줌으로써 임금보다 더 화려한 옷을 입을 수 없게 되어 임금 권위를 높일 수 있었다.

경종에 이은 6대 임금 성종은 이전보다 왕권이 강해지자 최승로가 제시한 '시무 28조'를 받아들여 유교에 바탕을 둔 정치를 추진했다. 최승로는 '시무 28조'에서 지방 호족이 불법 수단을 동원해 백성을 괴롭히는 행위를 막는다는 명분을 내세워, 중앙에서 지방 관리를 임명해 파견해야 한다고 건의했다. 성종은 전국에 12목을 설치하고 중앙에서 임명한 관리를 보내 지방을 다스렸다.

그 뒤 고려는 지방을 크게 셋으로 나누었다. 수도인 개경 주위를 경기, 나머지 지역을 5도와 양계로 나누었다. 5도는 서해도, 교주도, 양광도, 전라도, 경상도로 구분했다. 양계는 거란, 여진과 국경을 맞대고 있는 북쪽 국경 지역에 설치한 것으로 북계와 동계로 구분했다. 5도 아래 큰 고을에는 목, 작은 고을에는 군·현을 두었으며, 중앙에서 임명한 관리를 보내 지방 행정을 맡게 했다. 이 밖에 나라에 필요한 물품을 생산하기 위해 향·부곡·소와 같은 특별 행정 구역도 두었다.

> **탐구하기** 광종과 성종이 왕권을 강화하기 위해 한 일은 각각 무엇인가요?
>
> • 광종 :
>
> • 성종 :

탐구 3 ~ 토지, 조세 제도와 중앙 정치 기구

토지 제도(전시과 제도)   5대 경종 때 만들어진 토지 제도인 전시과 제도는 벼슬에 따라 일정한 토지에서 나는 수확물을 가질 수 있는 권리인 수조권을 주는 제도이다. 곡식을 거둘 수 있는 '전지'와 땔감을 얻을 수 있는 '시지'로 나누어 주었다. 벼슬을 그만두면 수조권을 나라에 돌려주고 대물림되지 않도록 했으며, 전국에 있는 토지는 토지대장에 등록시켰다. 경종 때인 976년 시작된 시정 전시과, 목종 때인 998년 크게 개편된 개정 전시과, 문종 때인 1076년 일부 조항을 고친 경정 전시과로 완성되었다. 이와는 달리 5품 이상 관리에게 지급하는 공음전이 있었는데, 이 토지는 상속이 가능했다.

조세 제도   고려 시대 농민이 내는 세금은 조세, 공납, 역 등 크게 세 가지였다. 전세는 토지 수확량의 1/10을 나라에 세금으로 내는 것이고, 공납은 은, 철, 소금, 잣, 미역 등 각 지방에서 나는 특산물이나 수공업 제품을 내는 것이다. 역은 나라에 노동력을 제공하는 것으로, 16세부터 59세까지 남자가 져야 하는 군역(軍役)과 토목 공사에 동원되는 요역이 있다.

'향·부곡·소'라는 특수 행정 구역에 사는 백성은 추가로 세금을 내야 했다. 향과 부곡은 인구가 많지 않거나 전쟁 포로를 집단으로 수용한 곳, 반란 등 범죄를 저지른 곳이었으며, 주로 농업에 종사했다. 소는 나라에서 필요한 금, 은, 동, 철, 종이, 자기 등을 만들어낼 수 있는 지역을 지정해 관청에 납품하도록 했다.

중앙 정치 기구   고려는 당나라의 3성 6부제를 받아들여 나라 사정에 맞게 2성 6부로 고쳐 운영했다. 2성은 나라 정책을 계획하고 논의한 뒤 결정하는 중서문하성, 6부를 통해 이를 집행하는 상서성으로 이루어졌다. 또 국방과 군사 문제를 논의하는 도병마사, 왕이 내린 명령이나 정책을 법으로 정리하는 식목도감을 따로 두었는데, 중서문하성과 중추원에 속한 높은 관리들이 구성원이었다. 이 밖에 군사 기밀, 왕이 내린 명령 전달과 왕을 지키는 일을 담당한 중추원, 관리 감찰을 하는 어사대, 회계와 출납을 맡은 삼사 등이 있었다.

▲ 고려의 중앙 정치 기구

탐구하기   고려 중앙 정치 기구에서 도병마사와 식목도감이 담당한 일은 각각 무엇인가요?

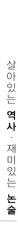

해석 1 ⟶ 왕건이 부인을 29명이나 둔 까닭은?

고려를 세워 후삼국을 통일한 왕건은 '왕'씨 성을 비롯한 여러 성씨를 내렸다. 또 기록에 따르면 부인을 29명이나 두었다고 한다. 왜 그랬을까?

왕건은 호족에게 지지를 얻어 궁예를 몰아내고 왕위에 올랐다. 궁예는 왕에게 권력이 집중된 중앙 집권화 정책을 펼쳐 신라 말기부터 지방에서 힘을 키운 호족 세력들을 누르려고 했다. 그것이 나라를 안정시키고 백성을 편하게 만드는 것이라고 여겼지만 지방 호족은 생각이 달랐다. 중앙 집권화가 이뤄지면 호족이 누리는 권한은 약화될 것이 분명했기에 자신이 가진 재력과 군사력을 지켜줄 왕을 원했다. 그래서 궁예를 쫓아내고, 같은 호족 출신이면서 백성에게 인기가 높은 왕건을 왕으로 세웠다.

왕건은 궁예가 몰락하는 과정을 지켜봤기 때문에 자신도 잘못하다가는 호족들 반발로 왕위에서 쫓겨날 위험성이 있었다. 그래서 왕위를 튼튼히 할 방법으로 성씨를 내리는 사성 정책과 힘 있는 호족 딸을 부인으로 맞이하는 혼인 정책을 펼쳤다.

강원도 명주 출신으로 오랫동안 자기 세력을 유지하고 있던 김순식이 항복해오자, '왕'씨 성을 내려 왕순식이 되도록 해주고 확실한 자기편으로 만들었다.

또 혼인 정책으로 부인 29명을 맞이하며 전국에서 힘 있는 호족을 자기편으로 끌어들이는 데에 성공했다. 왕건이 여러 호족 딸을 부인으로 맞이한 것은 나라와 왕권 안정에 도움이 되었다. 하지만 여러 부인이 왕자 25명을 낳자 다음 왕위를 두고 치열한 다툼이 벌어지는 계기가 되었다. 이들은 힘 있는 호족 딸이었기 때문에 왕자들은 서로 국왕이 되기 위해 경쟁했다.

🔍 **해석하기** 왕건이 부인을 29명이나 둔 까닭은 무엇인가요?

해석2 노비안검법과 과거제 실시가 왕권 강화에 도움이 되었나?

왕건은 지방 호족 가운데 힘 있는 사람 딸을 부인으로 맞아들이는 혼인 정책과 공이 큰 호족들에게 왕씨 성을 내리는 등 자기편으로 만들기 위해 많은 노력을 기울였다. 이런 노력은 나라를 안정시켰지만 왕건이 죽고 시간이 지날수록 지방 호족에게 주어진 많은 권한은 왕권을 위협하게 되었다. 그러자 고려 4대 임금 광종은 왕권을 강화하기 위해 노비안검법과 과거제를 실시했다.

호족은 많은 노비를 거느리고 있어서 농사도 많이 지었고, 개인 군대도 만들 수 있었다. 호족을 약하게 하려면 이들이 거느리고 있는 노비 숫자를 줄이는 수밖에 없었다. 호족이 거느린 노비 가운데에는 나라가 어지러운 시기에 노비가 된 양민이 많았다. 이들을 가려내어 다시 양민으로 되돌리는 것이 노비안검법이다. 노비안검법이 실시되자 호족과 공신은 자기 노비를 많이 풀어주어야 했다. 노비였던 사람이 양민이 되자 나라는 세금을 거둘 수 있어 더 튼튼해졌고 반대로 호족은 힘이 약해졌다.

과거제는 중국 수나라에서 관리를 뽑기 위해 시작한 제도이다. 중국에서 온 쌍기가 낸 제안을 받아들여 고려도 과거제를 실시하게 되었다. 공신이나 호족 자제라서 대를 이어 벼슬길에 나온 사람은 실력보다는 가문이 중요했고, 왕에게 잘 보일 필요도 없었다. 하지만 과거제가 실시되면서 가문이 좋지 않아도 실력이 있으면 벼슬을 얻고 출세할 수 있는 길이 열렸다.

과거 시험을 보기 위해서는 유교 경전을 열심히 공부해야 했다. 유학은 임금에게 충성하고 부모에게 효도하는 충효 사상이 중심이라 공부를 하면 자연스럽게 임금에 충성하는 마음이 생겨났다. 또 최종 합격자를 임금이 결정하므로 자신을 뽑아준 임금에게 충성을 다하게 되자 왕권도 강화되었다.

과거제가 실시되자 유교를 공부한 유학자가 관직에 많이 진출했다. 유학자가 많아지자 최승로는 유교 중심 정치를 위해 나라를 다스리는 데에 필요한 지침으로 '나라에서 시급히 해결해야 할 정책 28가지'를 정리한 시무 28조를 성종에게 올렸다. 최승로는 "불교는 개인 수양을 위한 종교로, 유교는 국가 통치를 위한 정치 이념으로 삼아야 한다."고 강조했다. 유학을 공부한 신하가 많아질수록 왕권은 더 강해졌다.

> **해석하기** 노비안검법과 과거제 실시가 왕권 강화에 도움이 된 까닭은 무엇인가요?

역사 토론

📍 왕건이 부인을 29명이나 둔 것은 나라 안정에 도움이 되었을까요?

토론 내용 　고려를 세운 왕건은 지방 호족을 자기편으로 끌어들이기 위해 힘 있는 호족 집안 딸 29명을 부인으로 맞이했다.

 1. 도움이 되었다.

왕건은 고려를 중심으로 후삼국을 통일했지만, 지방 호족 가운데 왕건 편이 아닌 세력도 있었다. 결혼을 통해 자기편으로 끌어들인 것은 나라를 안정시키는 데 도움이 되었다.

 2. 아니다. 도움이 되지 않았다.

왕건이 29명이나 되는 많은 부인을 맞이해 아들 25명, 딸 9명을 두었다. 그러자 지방에 기반을 둔 외할아버지는 서로 자기 외손자가 왕이 되기를 바랐다. 외손자를 왕위에 올리려는 왕위 다툼이 심하게 벌어져 도움이 되지 않았다.

 3. 그래도 도움이 되었다.

궁예가 왕권을 강화하는 정책을 펼치자 지방 호족이 반발해 왕위에서 쫓겨났다. 왕건도 지방 호족 마음을 얻지 못했다면 왕위를 놓고 다투거나, 여러 세력으로 갈라져 다툼이 이어졌을 것이다. 혼인 정책으로 지방 호족 세력을 통합한 것은 고려가 안정을 갖추는 데에 도움이 되었다.

 4. 아무리 그래도 도움이 되지 않았다.

왕건이 죽은 뒤 왕위에 오른 혜종, 정종, 광종은 모두 형제 사이다. 왕위 계승이 정상적으로 이루어지지 않은 것은 왕위 다툼이 심했다는 것이다. 또 결혼을 통해 지방 세력이 반란을 일으키지는 않았지만, 지방 호족에게 많은 특권이 주어져 백성은 삶이 힘들어졌다.

토론하기 　왕건이 부인을 29명이나 둔 것은 나라 안정에 도움이 되었을까요? 자기 생각을 밝히고, 그 까닭을 쓰세요.

학습 내용 | 정해진 답은 없습니다. 자기 생각을 자유롭게 쓰세요.

◐ 광종이 과거제를 실시해 집안이 좋지 않은 사람도 실력이 있으면 관직에 나아갈 수 있었습니다. 오늘날 과거제처럼 실력이 있으면 출세할 수 있는 기회로 여겨졌던 사법 시험이 폐지된 것에 대해 생각해 봅시다.

> 다양한 분야에서 유능한 법관을 많이 양성한다는 취지로 2009년부터 로스쿨 제도가 생기면서 2017년 2차 시험을 끝으로 사법 시험이 폐지되었다. 학력, 지역, 성별, 출신에 관계없이 시험에만 붙으면 판사, 검사, 변호사가 될 수 있었으나 사법 시험 제도가 폐지되면서 길이 막혔다.
>
> 이제는 판사, 검사, 변호사가 되려면 대학원 과정인 로스쿨을 수료한 다음 변호사 시험을 보아야 한다. 시험을 볼 수 있는 자격을 얻으려면 반드시 대학을 나와야 하고 대학원 과정을 거쳐야 한다. 비싼 학비와 긴 시간을 들이지 않으면 법관이 될 수 없다.
>
> 고등학교만 나온 노무현 전 대통령처럼 사법 시험만으로 판사를 거쳐 변호사가 되는 일은 이제 불가능해졌다. 개천에서 용이 난다는 말은 이제 사법 제도에서는 사라지게 되었다. 돈과 학벌이 없으면 법관이 될 수 없는 세상이 된 것이다.

생각열기

1. 대학에서 다양한 전공을 거친 사람이 법관이 되면 어떤 점이 좋을까요?

2. 사법 시험이 폐지되면서 '개천에서 용난다.'는 말은 없어졌다고 합니다. 법관도 돈 있는 사람이 차지하게 되는 현상에 대해 자기 생각을 써 보세요.

고려 사람들은 어떻게 살았나?

학습 목표

❶ 고려 시대 신분에 따른 생활 모습 차이를 알 수 있다.
❷ 교육과 과거제를 이해할 수 있다.
❸ 고려와 송나라 사이 대외 교류를 파악할 수 있다.
❹ 고려 시대 여성 지위에 대해 이해할 수 있다.

◀ 《고려도경》 송나라 사신 서긍이 고려에 와 보고 들은 것을 기록한 책이다.

탐구1 ⟶ 신분 제도

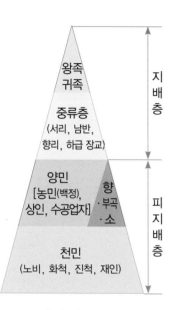

고려 시대 신분제는 귀족과 중류층 그리고 양민, 천민 네 계층으로 구분된다.

💡 **귀족** 귀족은 고려를 지배하는 세력으로 많은 토지와 노비를 소유했고, 대대로 고위 관직을 독차지했다. 고려 귀족은 문벌 귀족, 무신, 권문세족, 신진 사대부로 변화했다. 고려 전기에는 문벌 귀족이었으나, 무신 정변으로 무신이 권력을 잡았고, 원 간섭기가 되자 권문세족이 등장했다. 권문세족은 원나라를 등에 업고 권력을 차지했으나 과거제를 통해 중앙 정계에 진출한 신진 사대부에게 밀려났다.

💡 **중류층** 중류층은 귀족과 양민 사이에 있는 중간 계층으로 대부분 집안 대대로 하던 일을 물려 받았다. 궁궐에서 숙직·시종·경비 등을 맡은 남반, 지방 관청에서 행정을 맡은 향리, 중앙 관청에서 실무를 담당하는 하급 관리인 서리, 하급 장교 등이 속했다.

💡 **양민** 양민은 농업, 상업, 수공업에 종사했는데, 농민이 대부분이었다. '백정'이라고 부른 농민은 농사를 지어 세금을 내고 부역을 했다. 특수 지역인 향·부곡·소에 사는 사람은 신분이 양민이었으나 차별을 받았고 양민보다 더 많은 세금을 내야 했다. 향과 부곡에 사는 사람은 절이나 나라, 왕실 땅에 노비처럼 농사를 지어야 했다. 소에 사는 사람은 금·은·철 같은 광물을 캐고, 직물·종이·도자기 같은 수공예품을 만들었다. 또 학교에 다니거나 과거를 볼 수도 없고 승려가 될 수도 없었다. 결혼을 할 때도 나라에서 허락을 받아야 했다. 다른 곳으로 이사를 가거나 다른 직업을 가질 수도 없었다.

💡 **천민** 천민은 노비, 광대, 뱃사공 등이었다. 천민의 대부분은 노비였으며, 남자는 '노(奴)', 여자는 '비(婢)'라고 했다. 노비는 관청에 속한 공노비, 개인 소유인 사노비로 나뉘었다. 공노비는 급료도 받고 예순 살이 되면 노비에서 해방되기도 했다. 하지만 사노비는 재산처럼 사고 팔렸다. 사노비는 주인집에 같이 살면서 일을 하는 솔거 노비, 주인과 따로 살면서 주로 농사를 짓고 자유로운 생활을 하는 외거 노비가 있다. 하지만 무신 정권이 들어서면서 이의민처럼 천민 출신이 출세를 하자 천민에 대한 생각이나 신분 제도도 많은 변화가 일어났다.

⚪ **탐구하기** 특수 지역인 '소'에 사는 사람들은 어떤 일을 했나요?

탐구 2 ㅡ 대외 무역

고려는 거란과 전쟁이 끝난 후 대외 관계가 안정되면서 송나라를 비롯해 거란, 여진, 일본 상인이 자유롭게 드나들 수 있도록 허용했다.

외국 상인은 예성강 하구에 있는 벽란도에 배를 댔다. 벽란도는 개경으로 들어가는 길목이어서 물건을 사고팔기에 좋아 국제 무역항으로 발전했다. 또 지방에서 세금을 싣고 오거나 장사를 하러 오는 배, 고깃배들로 활기가 차 있었다. 송나라에서는 비단과 차, 각종 약재, 책, 자기 같은 물품을 가지고 와서 인삼, 삼베, 종이, 먹 등을 사갔다. 고려는 학자와 승려를 송나라로 보내 발달된 문물을 적극 받아들였다.

여진에는 농기구·곡식·문방구 등을 수출했고, 은·모피·말 등을 수입했다. 거란과는 불교 경전인 대장경과 책 등을 교류했다.

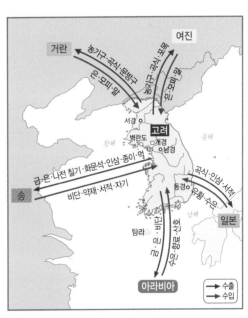

▲ 고려 시대 대외 무역

일본과는 고려왕에게 물품을 올리면 하사품을 내려 주는 방식으로 교류가 이루어졌는데, 유황·수은 등을 가져와서 곡식·인삼·서적 등을 가져갔다.

아라비아 상인도 벽란도에 드나들었다. 고려 사람들은 처음 보는 아라비아 사람과 그들이 가지고 온 상아, 수정, 호박 같은 보석을 아주 좋아했다. 상인들이 돌아갈 때는 인삼과 다양한 특산품을 가지고 갔다. 이때 다녀간 아라비아 상인에 의해 고려는 '코리아'로 유럽까지 알려지게 되었다.

> **탐구하기** 1. 예성강 하구에 있던 고려 시대 무역항은 어디인가요?
>
> 2. 고려가 송나라에서 수입한 물건은 무엇인가요?

탐구 3 ➥ 과거제와 교육 기관

과거제는 광종 때부터 실시한 관리 선발 시험 제도이다. 문과, 잡과, 승과가 있었는데, 양민부터는 누구나 응시할 수 있었다.

문과는 제술과와 명경과가 있었다. 제술과는 문장력, 창의력, 정치 문제 해결 능력에 대한 작문 실력을 보는 시험이고, 명경과는 유교 지식을 묻는 시험이다. 잡과는 기술 분야에 따라 의술, 법률, 산술

▲ 고려 시대 과거제

등을 보아 관리를 뽑는 시험이다. 문과와 잡과는 양민 이상이면 누구나 볼 수 있었지만, 실제로 농민은 교육을 받을 기회가 없어 관리가 될 수 없었다. 승과는 승려를 뽑는 시험이다. 무관을 뽑는 무과 시험은 거의 실시되지 않았고, 무술 실력이나 신체 조건이 뛰어난 사람을 뽑아 무관으로 삼았다.

과거 시험 이외에도 국가에 공을 세운 사람이나 5품 이상 관료 자식은 시험을 치르지 않고 관리가 되는 음서제가 있었다. 음서제는 관직을 대물림할 수 있는 귀족들의 특권이었다.

고려는 관리를 키우고 유학을 가르치기 위해 많은 학교를 세웠다. 개경에는 국자감을, 지방에는 향교를 세웠다. 국자감은 나라에서 필요한 인재를 양성하기 위해 만든 교육 기관으로 유학과 기술학을 가르쳤다. 향교는 지방 관리와 양민을 가르쳤다.

국자감이나 향교 같은 관학과 달리 개인이 세운 학교를 사학이라고 하는데, 고려 중기 최충이 자기 집에서 학생을 가르치는 것에서 시작되었다. 최충은 '해동공자'라는 칭송을 들을 만큼 학문이 뛰어나서 시호를 따 '문헌공도'라고 불렸다. 뒤를 이어 여러 사람이 사학 열두 개를 세웠다. 이를 사학 12도라고 부른다. 사학이 발전하자 관학이 위축되었으며, 위축된 관학을 되살리기 위해 예종은 많은 학생이 들어

> 시호(諡號) 제왕이나 재상, 유현(유학에 정통하고 언행이 바른 사람)이 죽은 뒤에 공덕을 칭송해서 붙인 이름이다.

가 생활할 수 있는 학사를 지었다. 또 양현고라는 장학 재단을 세워 많은 학생을 뒷바라지 해주었다.

> 🔍 탐구하기 국가에 공을 세운 사람이나 5품 이상 관료 자식은 과거 시험을 치르지 않아도 관리가 될 수 있는 제도는 무엇인가요?

해석 1 ▪ 고려 시대에 여자는 당당했다

고려 시대에 여자는 남자와 다름없이 한 집안에 가장이 될 수도 있었고, 어머니 성씨나 외할머니 성씨도 따를 수 있었다. 호적이나 족보에는 태어난 순서대로 기록했고, 아들이나 딸, 혼인을 했거나 안 했거나 구분하지 않고 재산 상속에 차별이 없었다. 여자가 상속 받은 재산은 혼인 후에도 자기 것으로 가졌고 팔거나 상속할 수 있었다. 재산뿐 아니라 음서 혜택도 아들은 물론 사위와 외손자도 받을 수 있었다. 또 부모를 모시는 일이나 제사를 지내는 것도 아들과 딸이 함께 책임을 지는 등 가정생활에서도 권리가 남자와 다르지 않았다.

📍경상도 안찰사 손변이라는 사람에게 어떤 남매가 재산 문제로 재판을 해달라고 청을 했다. 남동생은 부모가 물려준 유산이 검정 옷 한 벌, 갓 하나, 신발 한 켤레, 종이 한 장 뿐이라며 억울하다고 했다. 누이는 아버지가 세상을 떠날 때 자신에게 재산 전부를 주었다며 조금도 양보하지 않았다. 이야기를 들은 손변은 두 남매에게 말했다 "결혼한 딸에게만 재산을 주고 아들에게 인색할 리가 없다. 그대들 아버지는 만약 재산을 똑같이 나눠주면 누나가 동생을 돌보지 않을까 걱정해서 누나에게 재산을 다 주었고, 아들이 커서 어른이 되면 유산으로 받은 옷과 관을 갖추어 입고 상속 몫을 찾기 위해 재판을 신청하면 관가에서 잘 해결해 줄 것이라고 판단했을 것이다."라고 했다. 손변 이야기를 들은 남매는 부모님 마음을 깨달았다. 이를 통해 고려는 재산을 물려줄 때도 아들딸 가리지 않고 똑같이 나눠주었음을 알 수 있다.

📍고려 중기 문신인 이승장 어머니는 남편이 죽자 다시 결혼을 했다. 재혼한 남편이 가난해 이승장을 공부시키지 않자 "전 남편과 의리는 저버렸지만 친아버지가 생전에 다니던 사립 학교에 입학시켜서 학자가 되게 해야 한다"고 주장했다. 그러자 재혼한 남편이 이승장을 사립 학교에 보내 공부를 시켰고 관리가 될 수 있었다. 이승장 어머니처럼 고려 여자는 남편이 죽은 뒤에도 자유롭게 재혼을 했고, 재혼한 남편에게도 당당하게 자기주장을 펼쳤다. 이를 통해 고려 시대에 여자는 재혼도 자유로웠고, 그 아들도 사회 진출에 차별을 두지 않았음을 알 수 있다.

해석하기 1. 본문에 나온 재산 소송에서 알 수 있는 사실은 무엇인가요?

2. 고려 시대에 여자는 재혼도 자유로웠습니다. 이승장 어머니가 남편에게 주장한 사실은 무엇인가요?

해석 2 ― 외국인이 본 고려 이야기

《고려도경》은 송나라 관리인 서긍이 1123년에 사신으로 와 한 달 동안 개경에 머물면서 보고 들은 내용을 기록해 놓은 책이다. 이 책은 여러 가지 고려 사회 모습을 알려주고 있다.

고려는 귀족과 백성 사이에 빈부 차이가 심했다.

'고려는 땅이 넓지는 않지만 백성이 매우 많다. 왕이 사는 성은 규모가 크지만 자갈이 많은 산등성이에 있다. 백성이 사는 집은 모양이 고르지 않고 벌집처럼 모여 있다. 지붕은 풀로 덮어서 비바람을 막는 정도였다. 기와집은 열에 한 두 집뿐이다.'라고 했다. 또 이자겸 집을 방문했을 때는 '집 주변에는 화초무늬로 장식한 높은 담장 위를 기와로 덮었다. 높은 누각이 있고 건물이 수 백 칸 늘어서 있다. 벽마다 금가루로 그림을 그려놓았고 처마 밑 벽에도 단청을 해놓았다.'라고 했다.

고려 사람은 고기를 자주 먹지 못했다.

'채소를 즐겨먹는데 오이, 무, 파, 아욱, 박 같은 것을 먹는다. 무는 소금에 절여서 겨우내 저장해 두고 먹거나 마늘과 파를 넣어 먹기도 한다. 귀족은 밥과 아욱국, 토란국, 곰국 등을 먹는다. 국수는 밀가루가 비싸서 결혼식 때가 아니면 먹지 못한다. 술상에는 고기와 떡, 과자 등을 안주로 삼아 동동주를 비롯한 여러 가지 청주를 마신다.'라고 했다. 이처럼 고기는 특별한 날에만 먹을 수 있는 음식이다. 고기가 귀하기도 하고, 불교 국가여서 생명을 귀하게 여겼기 때문으로 보인다. 소나 돼지 등을 잡는 도축을 금하는 '도축 금지령'을 내린 기록이 남아 있다.

옷으로도 신분을 나타냈다.

'귀족은 비단옷을 입고 부인이 외출할 때는 몽수라는 검은색 너울을 쓰고 다니는데, 이 너울은 벼슬아치 신분을 나타낸다. 또 반지와 귀고리를 비롯해 여러 가지 장신구로 치장을 한다. 하지만 평민은 모두 흰모시로 만든 저고리와 치마, 바지 등을 입고 검은색 건을 쓴다. 여자는 저고리 길이가 짧아지면서 옷고름이 생겼다. 빈부 차이에 따라 옷감이 곱거나 거칠고 벼슬아치도 집에서는 평상복으로 입는다.'라고 했다. 고려 시대 사람은 외출복으로도 신분을 알 수 있었다.

> **해석하기** 고려 사람이 사는 집, 입는 옷 등으로 알 수 있는 사실은 무엇인가요?

역사 토론

📍 고려 시대에 여자는 차별받았을까?

[토론 내용] 고려 시대에는 결혼을 하면 남자가 처가에 살았고 딸도 아들과 똑같이 재산 상속을 받았다. 이혼과 재혼도 자유로웠고, 아들과 딸이 제사를 번갈아 가면서 지냈다.

 1. 고려 시대에는 남녀가 평등했다.

여자에게도 재산권이 있었다. 친정에서 받은 재산은 남편 재산과 구분해 여자 개인 소유가 될 수 있고 남편이 죽은 뒤에는 남편 재산을 소유할 수도 있었다. 또 여자가 집안에서 가장이 될 수 있었고, 족보나 호적에 기록할 때도 아들과 딸 순서를 가리지 않고 태어난 순서대로 기록했다.

 2. 아니다. 여자는 차별받았다.

여자는 정치에 참여할 수 없었고, 사회 진출에도 제한이 있었다. 여자는 출가해 승려가 되어도 승려 관직에 오를 수 없었다. 또 여자 무당은 성 밖으로 내쫓겼기 때문에 살아가기가 힘들었다.

 3. 그래도 평등했다.

결혼을 하면 여자 집에서 부모를 모시고 살았다. 여자가 이혼을 당당하게 요구할 수 있었고, 이혼을 하거나 남편이 죽은 뒤에는 재혼도 자유롭게 할 수 있었다. 전 남편 자식을 데리고 재혼하더라도 그 자식이 사회 진출에 차별을 받지 않았다.

 4. 아무리 그래도 차별받았다.

남자를 가르치기 위한 교육 기관은 있었지만 여자가 교육받을 수 있는 곳은 없었다. 가정에서 실생활을 통한 가정 교육만 받았고, 유교 경전과 한문학도 가르치지 않았다. 다만 귀족 계급 여자는 유교 경전을 읽는 정도만 교육을 받았다.

[토론하기] 고려 시대에 여자는 차별을 받았을까요? 받지 않았을까요? 자기 생각을 밝히고, 그 까닭을 쓰세요.

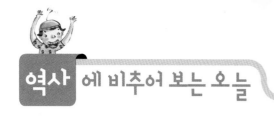

학습 내용 | 정해진 답은 없습니다. 자기 생각을 자유롭게 쓰세요.

❯ 고려 시대에도 요즘처럼 교육 열기가 높았습니다. 고려 시대와 오늘날 교육을 비교해 생각해 봅시다.

> 고려 시대에도 개인이 세운 학교가 있었다. 대표 사학은 최충이 세운 문헌공도였다.
>
> 문헌공도에는 과거를 보려는 학생이 많이 모여들어 9개 반으로 나눠 수업을 했다고 한다. 국립 학교인 국자감 출신보다 과거 합격률이 높았기 때문에 많은 학생이 문헌공도로 모여들었다.
>
> 그러자 많은 유학자가 잇달아 사학을 열었다. 사학들은 여름철이면 절에 방을 빌려 50일 동안 '족집게 과외'로 공부를 시켰다. 이것을 '하과(夏課)'라고 불렀다. 이곳에서는 모의고사 형식인 '급작(急作)'을 자주 치렀다. 이규보는 열네 살 때 급작에서 1등을 차지하기도 했다. 사학 12도에서 여는 여름 과외는 당시 고려 사람 모두가 들어가고 싶어 했다.
>
> 사학 외에도 과외 선생이 많았고 이름난 선생 밑에는 배우려는 학생이 많이 몰렸다.

✂️ **생각열기** **1.** 고려 시대에나 요즘이나 자식 교육을 위해 돈과 시간을 많이 들이는 까닭은 무엇일까요?

_____

_____

_____

_____

_____

2. 외국어고, 과학고, 자사고 같은 학교에 학생이 많이 모여들고 있습니다. 일반 학교보다 이런 학교에 학생이 많이 몰리는 까닭은 무엇일까요?

_____

_____

_____

_____

03 거란 침입과 여진 정벌

역사 연대기

993년 | 거란 1차 침입함, 강동 6주를 얻음

1010년 | 거란 2차 침입함

1018년 | 거란 3차 침입함, 강감찬이 물리침

1107년 | 윤관이 동북 9성을 개척함

학습 목표

❶ 거란이 고려를 침략한 까닭을 알 수 있다.

❷ 서희가 강동 6주를 얻은 까닭을 알 수 있다.

❸ 윤관이 여진을 정벌한 까닭을 알 수 있다.

❹ 국제 관계에서 외교력을 발휘하는 것에 대해 생각할 수 있다.

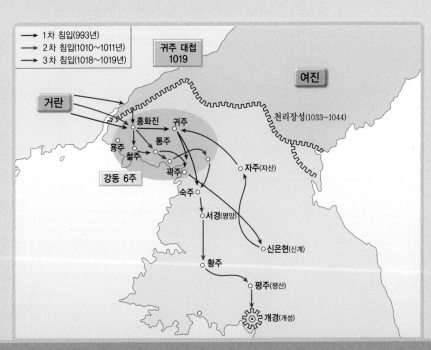

◀ 거란 침입과 강동 6주 획득

탐구 1 ― 고려 초 국제 정세와 거란(요) 1차 침입

　10세기 초 거란족은 만주에서 힘을 키워 중국 땅과 발해 쪽으로 세력을 넓히고 있었다. 발해가 멸망하자 유민을 받아들인 고려는 거란과 국교를 거부했다. 거란이 발해를 멸망시켰기 때문이었다. 거란이 사신을 보냈으나 섬에 유배시켜 버렸고, 선물로 가지고 온 낙타도 만부교 다리 밑에 매어 놓고 굶겨 죽였다. 중국 북부와 만주를 차지한 거란이 946년에 요나라를 세웠으나 고려는 적대 관계를 풀지 않았다.

　중국에서 주전충이 당나라를 무너뜨리고 후량을 세우자, 여러 지방 세력이 독립해 50여 년에 걸친 분열기가 되었다. 화북 지역에서는 후량을 시작으로 후주까지 어어진 다섯 왕조가, 나머지 지역에서는 10개 나라가 세워져 경쟁한 5대 10국 시대를 조광윤이 통일하고 송나라를 세웠다. 고려는 송나라와 국교를 맺고 화친 정책을 실시했다. 송나라는 고려와 힘을 합쳐 요나라를 공격하려 했다. 발해를 이어서 압록강 둘레에 세워진 정안국(定安國)도 송나라와 국교를 맺었고, 요나라를 공격하는 데에 힘을 합치려고 했다.

　홀로 고립된 거란은 986년 왕이 직접 군대를 이끌고 나가 정안국을 멸망시켰다. 압록강 둘레에 성을 쌓고 고려를 침략할 준비를 했다. 그러나 고려는 화친할 뜻을 보이지 않았다. 거란은 993년 소손녕이 이끄는 80만 대군으로 고려를 침략했다. 고려에서 박양유와 서희, 최량 등이 나가 싸웠으나 봉산에서 벌어진 첫 전투에서부터 패하고 말았다. 고려 임금이 화해를 하자고 했으나 소손녕은 무조건 항복하라고 요구했다. 거란군 기세에 놀란 고려 조정에서는 땅을 떼어주고 화친을 맺는 '할지론'이 일어났다. 서경 이북 땅을 요나라에 주고 항복을 하자는 것이었다. 하지만 서희는 소손녕이 쳐들어온 목적이 고려와 사이좋게 지내는 것이니 항복하는 것은 어리석은 일이라며 반대했다.

　서희는 고려와 송나라가 국교를 맺을 때 사신으로 가서 외교 실력을 발휘한 적이 있었다. 이때 송나라에서 '검교병부상서'라는 벼슬도 받았다. 비록 명예직이기는 했지만 고려 벼슬보다 더 높은 것이었다. 서희는 송나라에 다녀오며 둘레 나라들이 서로 무엇을 원하는지 잘 알게 되었다. 마침 소손녕이 안융진을 공격하다 실패하자 서희는 거란도 화친을 원할 것이라며 혼자 거란군 진영으로 찾아가 소손녕과 담판을 벌였다. 결국 소손녕을 설득해 홍화진, 통주, 귀주, 곽주, 용주, 철주, 이렇게 강동 6주를 얻고 돌려보냈다.

> 🔍 **탐구하기**　고려가 거란을 적대시한 까닭은 무엇인가요?

탐구 2 ➡ 거란(요) 2차, 3차 침입

고려 목종 어머니인 천추 태후가 김치양과 사이에서 낳은 아들을 왕위에 올리기 위해 목종을 폐위시키려고 했다. 그러나 호위를 부탁받은 강조가 군사를 일으켜 김치양 세력을 제거한 다음, 목종을 폐위하고 현종을 왕위에 올렸다. 거란 성종이 이를 핑계 삼아 40만 대군을 이끌고 쳐들어온 것을 2차 침입이라고 한다. 반역을 일으킨 강조에게 벌을 주기 위한 원정이라고 했지만, 고려와 송나라가 교류하는 것을 완전히 막고 강동 6주를 되찾으려는 속셈이었다.

곽산과 안주를 비롯해 개경까지 함락당하자 고려 현종은 나주로 피란을 가야 했다. 하지만 거란군은 홍화진과 귀주, 통주, 서경 등을 함락시키지 못하고 내려왔기 때문에 보급로가 길어져서 전쟁을 제대로 할 수가 없었다. 고려 현종이 직접 거란에 가서 황제를 알현하는 친조(親朝)를 하는 것과 강동 6주를 돌려주는 것을 조건으로 화친을 청하자, 이를 받아들이고 돌아갔다. 이때 양규가 물러가는 거란군을 공격해 크게 무찌르고 1만 명이 넘는 포로를 구했다.

그러나 현종은 친조하지 않았고, 강동 6주도 돌려주지 않았다. 고려가 거란과 국교를 끊고, 송나라와 다시 교류하자 소배압이 10만 대군을 이끌고 쳐들어온 것을 3차 침입이라고 한다. 소배압은 중간에서 고려군과 전투를 피하고 개경으로 바로 쳐들어가 빨리 전쟁을 끝내려고 했다. 하지만 고려도 두 번에 걸친 전쟁을 겪으면서 대비를 단단히 하고 있었다. 강감찬이 이끄는 고려군은 홍화진에 진을 치고 소가죽으로 물길을 막아 거란군을 무찔렀다. 첫 전투에서 큰 피해를 입은 거란군은 산길을 따라 개경으로 쳐들어갔다. 고려군은 매복과 추격전을 번갈아 벌이며 거란군을 괴롭혔다. 전투에 지치고

추위와 굶주림까지 겹치자 거란군은 사기가 급격히 떨어져 물러가기 시작했다. 귀주에 이르자 기다리고 있던 강감찬과 고려군이 거란군을 포위 공격으로 무찔렀다. 거란군 대부분이 죽거나 포로로 잡힌 이 전투를 귀주 대첩이라고 부른다(1019). 이 전투를 끝으로 거란은 고려를 더 이상 침략하지 않았다.

🔵 탐구하기   거란 3차 침입 때 강감찬이 거란군을 크게 무찌른 전투는 무엇인가요?

탐구 3 · 여진을 정벌한 윤관

옛 고구려와 발해 땅에 살던 여진족은 '숙신', '물길' 또는 '말갈'이라고 불렸다. 고려를 부모 나라라고 하며 조공을 바치기도 하고 식량이나 옷감, 농기구나 무기 같은 것들을 얻어가기도 했다. 또 귀화해서 고려 사람이 되기도 했다.

그런데 12세기 초가 되면서 거란이 힘을 잃어가자 만주에 살고 있던 여진족이 세력을 하나로 모으고는 압록강 둘레 옛 땅을 돌려달라며 고려를 잇달아 공격했다. 번번이 패하던 고려는 윤관이 올린 건의를 받아들여 여진족을 막아낼 특수 부대인 별무반을 만들었다. 별무반은 기병인 신기군과 보병인 신보군, 승려 부대인 항마군으로 이루어져 있었고, 총사령관은 윤관이었다.

1108년 윤관은 별무반을 이끌고 북쪽 동해안 함흥 지방에 있는 여진족을 공격했다. 부락 135개를 고려 땅으로 만들고 함주를 비롯한 성 아홉 개를 세웠다. 여진족이 다시 들어오지 못하게 하려고 남쪽에서 고려 백성을 이주시켜 농사도 짓고 전쟁이 벌어지면 군사가 되어 싸우게 했다.

하지만 9성은 날씨가 춥고 땅이 척박해 농사를 제대로 지을 수가 없었다. 또 살던 땅을 빼앗긴 여진족이 9성을 돌려 달라고 계속 공격해 왔다. 개경에서 너무 멀기 때문에 전쟁이 나면 구원병을 보내기도 어렵고 지키기가 힘들었다. 또 여진족이 고려 국경을 넘지 않고 조공을 바치겠다는 약속을 하자 이듬해에 돌려주었다.

하지만 꾸준히 힘을 키운 여진족은 1115년 아구다가 금나라를 세운 다음, 송나라와 손을 잡고 거란을 멸망시켰다. 금나라는 만주는 물론이고 요나라가 차지하고 있던 중국 북쪽 땅까지 차지하고 고려에 금나라를 섬기라고 요구했다. 고려 조정을 손아귀에 쥐고 있던 이자겸이 그 요구를 들어줌으로써 고려는 금나라를 사대하는 나라가 되었다.

▲ **척경입비도** 윤관이 9성을 개척하고 비석을 세우는 장면을 그린 것이다.

○ **탐구하기** 윤관이 이끌고 여진을 정벌한 고려 특수 부대는 무엇인가요?

해석 1 ─ 서희는 어떻게 강동 6주를 얻을 수 있었을까?

서희는 80만 대군을 이끌고 온 소손녕이 개경으로 바로 쳐들어오지 않고 전투도 안하려는 것을 보고 고려를 멸 망시키려고 온 것이 아니라는 것을 깨달았다. 송나라 로 안심하고 쳐들어가기 위해 고려와 화친을 맺으려 한다는 것을 알아챘기 때문에 군사를 이끌지 않고 거란 군 진영으로 찾아간 것이었다. 단 위에 앉은 소손녕은 서희에게 단 아래에서 절을 하라고 했다. 하지만 "절은 신하가 임금에게 하는 것인데 우리는 군신 관계가 아니므로 절할 수 없습니다."라며 거절했다.

또 "고려는 신라 땅에서 일어난 나라고, 고구려 땅을 차지한 것은 요나라이니 북쪽 영토를 내 놓으라."는 소손녕 말에도 기죽지 않았다.

"고려는 신라가 아니라 고구려를 이어 받은 나라기 때문에 나라 이름도 고려라고 한 것이오. 당 신들이 우리 선조 나라인 고구려 땅에 살고 있으니 그 땅을 내놓으시오."하고 도리어 받아쳤다. 그러자 "고려가 요나라와 국경을 맞대고 있는데도 왜 바다 건너 송나라와만 친하게 지내느냐?" 며 소손녕이 따졌다. "여진족이 가로 막고 있어서 요나라와 외교를 하고 싶어도 할 수가 없습 니다. 압록강 둘레 땅은 원래 고려 영토니까 지금이라도 여진족을 몰아내고 땅을 돌려받는다 면 성을 쌓고 길을 내서 요나라와 외교를 열겠습니다."라고 서희가 대답했다.

서희가 전혀 기죽지 않자 소손녕은 더 이상 윽박지르지 못하고 황제에게 보고하겠다고 했다. 며칠 뒤에 서희가 머무르고 있는 막사로 선물을 들고 온 소손녕은 고려가 화친을 맺자고 했으므로 군대를 돌리라는 명을 받았다고 했다. 또 고려가 압록강 동쪽 280여 리를 영토로 삼 아도 좋다고 황제가 허락한 글도 주었다.

다음 해 서희는 군대를 이끌고 가 여진족을 몰아낸 다음에 성을 쌓고 고려 영토로 만들었 다. 이곳을 압록강 동쪽에 있는 여섯 개 주라고 해서 '강동 6주'라고 부른다. 고려는 침략을 당 했으나 서희가 발휘한 외교력 덕분에 도리어 영토를 넓히는 이익을 얻게 된 것이었다.

해석하기 서희가 혼자 소손녕과 담판을 지으러 갈 수 있었던 까닭은 무엇인가요?

해석 2 ⇒ 고려와 거란은 강동 6주를 통해 무엇을 얻었나?

10세기 무렵에 중국과 만주, 고려가 자리 잡은 동북아시아는 아주 혼란스러운 상황이었다. 거란이 세운 요나라, 중국을 통일한 송나라, 만주에 자리 잡은 여진, 그리고 고려는 서로 국경을 맞대고 있었다. 서로 국교를 열고 교류하는 나라도 있었고 적대시하는 나라도 있었다.

만리장성 밖에 자리 잡은 거란은 송나라가 중국을 통일하고 힘이 커지자 중국 땅으로 진출하려는 꿈을 접어야 했다. 그러나 송나라는 수나라나 당나라와 달리 강력한 군사력으로 둘레 나라를 억누르지 않고 학문으로 다스리는 '문치주의'를 펼쳤다. 그러자 송나라는 군사력이 약해질 수밖에 없었고, 송나라와 벌인 전쟁에서 승리한 거란은 중국 땅으로 진출하려는 뜻을 더욱 강하게 밀고 나갔다. 북방 유목민이 중국으로 진출하려면 반드시 만주와 한반도에 자리 잡은 나라와 관계를 정리해야만 했다. 뒤에서 공격당하는 상황을 만들지 않아야 하기 때문이었다.

고려는 처음부터 거란과 사이가 좋지 않았다. 발해를 이어 압록강 둘레에 세워진 정안국이 멸망한 땅에 자리 잡은 여진도 송나라와 가깝게 지내고 있었다. 고려와 여진을 자기편으로 만들거나 없애지 않고는 중국으로 진출할 수 없다는 것을 깨달은 거란은 고려로 쳐들어왔다. 하지만 고려와 전쟁을 벌이는 것도 거란에는 별로 이익이 없는 일이었다. 고려와 벌인 전쟁에서 군사력을 소모해 버린다면 원래 목표인 중국 진출이 어려워지기 때문이다. 그래서 전투를 피한 채 항복하라고 큰소리만 쳤던 것이다.

거란은 서희가 요구한대로 강동 6주를 주고 고려와 국교를 맺게 되자 송나라로 쳐들어가도 고려가 뒤를 공격하지 않았고, 여진에서 송나라로 가는 길목인 강동 6주를 고려가 차지하고 있으므로 여진으로부터도 공격받지 않게 되었다. 송나라로 쳐들어간 거란은 여러 차례에 걸친 전쟁에서 승리했고, 1004년 '전연의 맹약'을 맺었다. 중국 북쪽 연운 16주 땅을 차지하고, 해마다 많은 공물을 송나라로부터 받는 대신에 침략하지 않기로 약속한 것이다. 거란이 강동 6주를 고려에 줄 때는 손해를 보는 것처럼 보였으나 훨씬 더 큰 것을 얻은 것이다.

서희는 국제 정세를 정확하게 꿰뚫어 보고는 담판을 통해 강동 6주까지 영토를 넓힌 것과 함께 덤으로 여진도 몰아냈다.

> **해석하기** 강동 6주를 고려에 주고 거란이 얻은 이익은 무엇인가요?

윤관이 개척한 동북 9성을 돌려준 것은 잘한 일일까?

토론 내용　윤관이 별무반을 만들어 국경을 넘어와 백성들을 괴롭히는 여진족을 몰아낸 다음, 경계를 표시하는 비석을 세우고 9성을 쌓았으나 그 이듬해 모두 돌려주었다.

토론　**1. 잘한 일이다.**

　동북 지방에 9성을 쌓은 것은 고려 사람을 옮겨가서 살게 하려는 것이었는데, 가려는 사람이 없었다. 텅 빈 성을 그대로 두는 것보다 조공을 받고 여진족을 살게 하는 것이 올바른 선택이었다.

토론　**2. 아니다. 돌려주지 말아야 했다.**

　윤관이 여진족을 몰아낸 것은 국경을 안정시켜 백성을 편히 살게 하려는 것이었는데, 여진족에게 되돌려줌으로써 국경은 다시 불안정해졌고, 백성도 불안에 떨게 되었다.

토론　**3. 그래도 잘한 일이다.**

　어차피 먼 국경 지역이라 군대를 보내 지키기도 어렵고, 척박한 땅이라 백성이 옮겨가 살기도 어려운 곳이었다. 당장 여진족이 물러갔다 하더라도 세력이 커지면 다시 쳐들어올 것이므로 전쟁이 끊이지 않았을 것이다.

토론　**4. 아무리 그래도 돌려주지 말아야 했다.**

　성을 쌓았으니 쳐들어와도 막을 수 있을 것이고, 백성이 옮겨와 살다보면 땅도 개간하고 마을도 커져 점점 살기가 좋아질 것이다. 그런데 해보지도 않고 이듬해에 바로 돌려준 것은 어리석은 일이었다. 성까지 쌓아주어서 여진족 세력만 더 키워주고 말았다.

토론하기　고려가 여진족에게 동북 9성을 돌려준 것은 잘한 일일까요? 자기 생각을 밝히고, 그 까닭을 쓰세요.

◐ 다음 글을 읽고, 물음에 대한 자기 생각을 써 보세요.

노무현이 펼친 대북 포용 정책

2007년 12월 28일자 인터내셔널 헤럴드 트리뷴 신문에는 '노무현 정부가 북한을 평화롭게 껴안은 대북 포용 정책은 강대국 사이에서도 작은 나라가 주도권을 쥐고 외교력을 발휘할 수 있는 좋은 사례다.'라는 칼럼이 실렸다.

1994년에 미국이 북한 영변에 있는 핵 시설을 폭격한다고 하자 우리나라에 전쟁이 일어날 것이라는 불안감이 커졌다. 하지만 2000년에 김대중 대통령과 김정일 국방 위원장이 평양에서 정상 회담을 하고 발표한 6·15 남북 공동 선언으로 평화가 찾아왔다. 그러나 미국 대통령으로 새로 취임한 부시가 북한을 향해 세계 평화를 해치는 원흉이라는 뜻으로 '악의 축'이라고 몰아붙이면서 또다시 남북 관계가 차가워지고 말았다.

'악의 축' 발언이 나오고 11개월 만에 대통령이 된 노무현은 "북한을 향해서 어떤 군사 행동도 반대한다."고 선포했다. 그리고 국민 반대를 무릅쓰고 이라크 파병을 결정했다. 미국이 요청한 전투 부대가 아니라 의료와 재건을 담당하는 부대를 보냈다.

한국 대통령이 미국에 등을 돌리지 않으면서도 북한에 대한 평화 정책을 선언하자 미국도 북한을 막무가내로 억누르는 정책을 거두어들일 수밖에 없었다. 김대중 정부가 펼친 햇볕 정책으로 찾아온 평화가 깨질 수도 있는 위기를 대북 포용 정책 덕분에 벗어날 수 있었다. 또 노무현과 김정일이 만난 제2차 남북 정상 회담에서 더욱 평화롭게 발전하자는 '10·4 남북 공동 선언'도 할 수 있게 되었다.

이 칼럼에는 '대북 포용 정책에 대해 미국이 화를 내자 노무현은 한·미 동맹이 깨질 것을 걱정하는 미국과 한국 사람을 설득하는 것을 비롯해 많은 희생과 노력을 해야 했다.'고도 썼다.

또 '노무현 정부가 벌인 외교는 세계 질서가 강대국 중심으로만 돌아가는 것이 아니라는 것과 국력이 약한 나라도 큰 나라에 기죽지 않고 당당하게 힘을 발휘하는 시대가 왔다는 것을 보여 준 것'이라면서 '노무현이 한국을 외교력이 좋은 나라로 올려놓은 것은 크게 인정받을 것'이라고 주장했다.

✂ **생각열기** 작은 나라가 큰 나라 사이에서 외교력을 발휘하기 위해서 필요한 것은 무엇일까요?

04 문벌 귀족과 서경 천도 운동

학습 목표

❶ 문벌 귀족이 성립된 과정을 알 수 있다.
❷ 이자겸의 난을 알 수 있다.
❸ 묘청의 서경 천도 운동을 알 수 있다.
❹ 《삼국사기》와 《삼국유사》를 비교할 수 있다.
❺ 신채호의 서경 천도 운동에 대한 역사적 평가를 이해할 수 있다.

교과 연계

초등사회 5-2　　⊘ **1. 옛사람들의 삶과 문화**_(2) 독창적 문화를 발전시킨 고려
중등역사 2(비상)　⊘ **III. 고려의 성립과 변천**_(1) 고려의 건국과 정치 변화
중등역사 2(미래엔)⊘ **III. 고려의 성립과 변천**_(1) 고려의 건국과 정치 변화
중등역사 2(천재)　⊘ **III. 고려의 성립과 변천**_(1) 고려의 건국과 정치 변화

◀ **아집도대련** 고려 귀족들의 다양한 취미 생활이 잘 표현되어 있다.

탐구 1 ∞ 문벌 귀족이 생겨나다 ▼

　　성종 이후 중앙 집권 통치 체제가 자리 잡으면서 고려 건국에 공을 세운 호족과 6두품 출신이 새로운 지배층이 되었다. 이들 가운데 여러 세대에 걸쳐 높은 벼슬아치가 나온 집안을 '문벌 귀족'이라고 부른다. 문벌 귀족은 과거와 음서를 통해 높은 벼슬을 독차지했고, 나라에서 많은 땅을 받아 풍족하고 호화로운 생활을 했다. 또 왕실과 혼인해 큰 권력을 잡으려 했고, 문벌 귀족 가문끼리도 혼인해 권력을 이어갔다.

　　문벌 귀족이 불법으로 토지를 차지하고 대대로 권력을 이어가자 문벌 귀족 간 갈등, 군인전 미지급, 전시과 붕괴 등 부작용이 생겨났다.

　　대표 문벌 귀족 집안에는 해주 최씨(최충), 경주 김씨(김부식), 경원(인주) 이씨(이자겸), 파평 윤씨(윤관) 등이 있었다. 이들 문벌 귀족은 서로 더 많은 권력을 차지하려고 경쟁했다.

　　특히 경원 이씨는 이자연이 세 딸을 문종에게 혼인시킨 것을 시작으로 인종 때까지 70여 년 동안이나 권세를 누렸다. 맏딸인 인예 태후는 순종과 선종, 숙종을 낳았고, 이자연은 딸이 낳은 순종과 선종에게 손녀 세 명과 조카손녀 한 명을 혼인시켰다. 그 권력은 손자인 이자겸에게로 이어졌다. 이자겸은 둘째 딸을 숙종 아들인 예종과 혼인시켰고, 예종 아들인 인종과 셋째 딸, 넷째 딸을 혼인시켰다. 인종은 이모와 혼인한 것이다. 외할아버지이면서 장인이 된 이자겸은 왕을 넘어서는 강한 권력을 휘둘렀다.

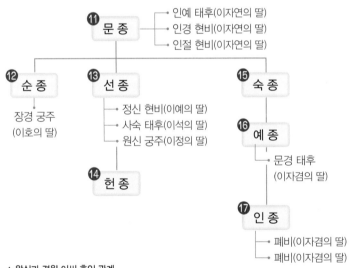

▲ 왕실과 경원 이씨 혼인 관계

　　🔘 탐구하기　문벌 귀족이 생겨난 배경은 무엇인가요?

탐구 2 ▸ 이자겸의 난

12세기에 접어들자 고려 밖에서는 금나라가 요나라를 멸망시키고 송나라를 남쪽으로 밀어낸 뒤, 고려에 신하 나라가 되는 사대 관계를 요구했다. 오랑캐라고 여기던 여진족이 섬기라고 하자, 인종과 신하들 모두 반발했다. 그러나 이자겸은 권력을 유지하기 위해 금나라 요구를 받아들였고, 윤관이 동북 9성을 개척할 때 많은 공을 세운 척준경과 사돈을 맺어 군사력도 손에 쥐었다.

1126년 2월, 왕권에 위협을 느낀 인종은 먼저 이자겸을 제거하려고 움직였다. 병부상서인 척준경 동생과 내시인 척준경 아들 등을 처형했지만, 오히려 이자겸과 척준경은 궁궐을 불태우며 반격에 성공했다. 이자겸은 인종을 자기 집에 가둔 뒤, 인종을 따르던 신하 가족을 죽이거나 유배 보내고 나랏일을 마음대로 처리했다. 이것을 '이자겸의 난'이라고 한다. 그 무렵 백성 사이에서 '십팔자(十八子)' 즉 '이(李)씨가 왕이 된다.'는 소문이 떠돌았다. 이자겸은 자신이 왕이 될 것이라고 믿고 왕비인 자기 딸을 시켜 독이 든 약을 왕에게 먹이도록 했는데, 왕비가 들고 가다가 넘어지면서 엎질러버렸다. 다시 독이 든 떡을 왕에게 주었는데, 이번에는 이 사실을 말하고는 떡을 까마귀에게 던져 주었다. 떡을 먹은 까마귀는 그 자리에서 죽었다.

이자겸이 임금처럼 권력을 휘두르자 척준경이 반발하면서 둘 사이가 벌어졌다. 인종은 척준경을 자기편으로 끌어들이고는 이자겸을 제거하라는 명을 내렸다. 척준경이 군대를 이끌고 이자겸을 따르는 사람을 제거하고, 이자겸을 영광으로 유배 보냈다. 하지만 권력을 잡은 척준경은 이자겸 못지않은 권력을 휘둘렀다.

인종은 문벌 귀족을 누르기 위해 지방 출신들을 많이 등용했다. 이듬해 3월 서경 출신인 정지상이 '궁궐을 침범하고 불을 지르는 죄를 지었다.'며 척준경을 탄핵했다. 척준경을 유배 보내면서 난은 평정되었다.

하지만 궁궐이 불타고 왕권은 땅에 떨어졌다. 가장 큰 권세를 누리던 경원 이씨 가문이 몰락하고 다른 귀족이 권력을 잡으려고 하면서 귀족끼리 분열이 심해졌다.

탐구하기 **1.** 이자겸과 함께 난을 일으킨 사람은 누구인가요?

2. '십팔자위왕(十八子爲王)'이란 무슨 뜻인가요?

탐구 3 ━ 서경 천도 운동

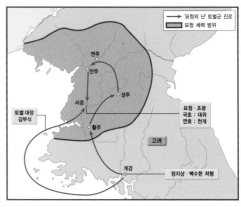

▲ 서경 천도 운동 전개 과정

이자겸이 일으킨 난이 평정되자 김부식이 이끄는 경주 김씨가 권력을 잡았다. 김부식은 고려가 신라를 이은 나라이므로 굳이 북쪽 땅을 차지하기 위해 다른 나라와 싸울 필요가 없다며 금나라와 사대 관계를 이어 갔다. 그러나 거란이 침입했을 때 큰 피해를 입은 강동 6주와 서경 출신 귀족은 크게 반발했다.

인종은 문벌 귀족을 누르기 위해 서경 출신인 정지상, 백수한 등을 중요한 자리에 앉혔다. 인종으로부터 신임을 얻은 정지상은 승려인 묘청을 소개했고, 왕실 고문으로 추대했다.

묘청은 인종에게 개경 땅은 기운이 다했으니 고구려 도읍지였던 서경으로 옮기면 금나라가 굴복하고 둘레 나라가 조공을 바치게 될 것이라고 했다. 또 고려를 '황제국'이라 부르고, 연호도 스스로 만들어 쓰며, 금나라를 정벌하자고 주장했다. 이에 인종은 서경에 대화궁을 짓고 자주 행차하면서 천도를 준비했다. 하지만 김부식을 중심으로 한 개경 세력은 '대금(금나라를 높여 부르는 말)이 크게 화낼 것'이라는 사대주의를 내세우며 반발했다. 고려 국력으로는 금나라를 이길 수 없다고도 주장했다. 마침 대화궁에 벼락이 떨어져 궁궐이 불타버리자 개경 세력은 하늘도 막는 것이라며 강하게 천도를 반대했다. 천도를 하면 왕권이 위태로워질 것을 우려한 인종은 천도를 중단하였다.

천도가 무산된 1135년에 묘청은 군대를 일으켜 왕을 모셔오겠다며 서경에서 반란을 일으켰다. 나라 이름을 '대위국(大爲國)'이라 하고, 연호를 '천개(天開)'라 했다. 군대는 '하늘에서 보낸 성스럽고 의로운 군대'라는 뜻으로 '천견충의군(天遣忠義軍)'이라 불렀다. 조정에서는 김부식을 도원수로 삼아 진압군을 보냈다. 묘청 군대가 김부식 군대에 패하고 묘청이 부하에게 죽임을 당하면서 1년 동안 이어진 전쟁이 끝나고 '서경 천도 운동'도 실패로 끝났다.

○ **탐구하기** 묘청이 서경 천도를 주장하면서 내세운 <u>세 가지</u>는 무엇인가요?

1) 고려를 황제국이라고 부른다.

2)

3)

해석 1 《삼국사기》와 《삼국유사》

삼국 시대를 기록한 역사책으로 《삼국사기》와 《삼국유사》가 있다. 두 책은 어떻게 다를까?

《삼국사기》 우리나라에 남아 있는 가장 오래된 역사책으로 김부식이 인종으로부터 명을 받아 1145년에 완성한 것이다. 젊은 관료들과 함께 약 3년에 걸쳐 썼다. 김부식이 신라 왕족인 경주 김씨이고 유학자라는 점이 내용에 많이 반영되었다. 귀신이나 괴상한 이야기는 하지 말라는 공자님 가르침에 따라 신화나 전설은 빼버렸다. 그래서 단군 신화는 《삼국사기》에 실리지 못했다. 또 삼국 가운데 신라가 가장 빨리 세워졌다고 썼고, 삼국 통일을 이룬 신라를 고려가 이었다며 신라 중심으로 역사를 썼다. 그래서 발해는 기록하지 않았고, 백제는 멸망한 나라라는 인상을 갖도록 썼다. '본기'와 '열전'으로 역사를 쓰는 기전체(紀傳體) 서술 방식이며, 왕 이야기인 '본기' 28권, 신하들 이야기인 '열전' 10권, 역사적 사실을 간략하게 기록한 '연표' 3권, 문물과 제도를 담은 '지' 9권, 이렇게 총 50권으로 되어 있다.

《삼국유사》 몽골과 벌인 전쟁이 끝나고 원나라가 간섭을 하면서 우리 역사를 제대로 알아야 한다는 생각이 퍼지고 있을 때 승려인 일연이 썼다. 단군 신화를 담은 가장 오래된 책으로 우리 역사를 삼국 시대보다 2천 년을 더 앞당겨 고조선까지 끌어올렸다. 국가에서 공식적으로 만든 《삼국사기》와는 달리 일연이 혼자서 쓴 책으로, 김부식이 일부러 싣지 않거나 놓친 것도 기록했다. 예로부터 내려오는 풍속·노래·설화·전설 등과 승려·절·탑 같은 불교에 관한 이야기도 많이 실려 있다. 특히 삼국 시대 노래인 향가 14수를 담고 있어서 문학으로도 큰 가치가 있다. 사건별로 내용을 한데 모아 쓰는 기사본말체(紀事本末體) 서술 방식이며, 총 5권으로 되어 있고 내용에 따라 아홉 편으로 나누어져 있다. '연오랑과 세오녀' 같은 옛날이야기가 많이 담겨 있어서 《삼국사기》로는 알 수 없는 이야기를 알려준다.

해석하기 다음은 《삼국사기》와 《삼국유사》를 비교한 표입니다. 빈칸을 채우세요.

	《삼국사기》	《삼국유사》
저자	( )	( )
시기	고려 전기	( )
역사 서술 방식	( )	기사본말체
특징	현존하는 가장 오래된 역사서, 고조선과 발해에 대한 기록이 없음	( )

해석 2 ● 신채호가 평가한 서경 천도 운동

역사학자이자 독립운동가인 신채호는 1920년대 자신이 쓴 《조선사연구초》에서 서경 천도 운동을 '일천년래 제일대사건'이라고 했다. 서경 천도 운동은 묘청을 중심으로 한 서경파와 김부식을 중심으로 한 개경파가 맞서 싸운 것으로 이 두 사람은 각각 다른 사상을 받들었다. 서경파는 낭가 사상과 불교 사상을 받드는 서경 출신 신진 세력으로 고구려를 이어받고 금나라를 정벌하자고 주장했다. 개경파는 유교 사상을 받드는 문벌 귀족 세력으로 신라를 이어받고 금나라에 사대하자고 주장했다.

	개경파	서경파
중심 인물	김부식(문벌 귀족)	묘청, 정지상(측근 세력)
성격	보수적	자주적 · 전통적
사상	유교	불교 · 전통 사상(풍수지리설 · 낭가)
역사 인식	신라 계승	고구려 계승
외교	사대 정책(금나라에 사대)	북진 정책(금나라 정벌)

개경파가 승리하면서 고려는 자주정신과 전통 사상이 무너지고 사대주의를 받드는 나라가 되었으며, 조선으로 이어져 결국 일본에 나라가 망하게 되었다고 했다. 신채호는 일제 강점이 개경파에서 시작된 사대주의 때문이라고 생각한 것이다. 그래서 이 사대주의를 자주정신으로 바꾸려고 한 서경 천도 운동을 우리 역사 천 년 동안에 가장 중요한 사건이라고 했다.

묘청의 서경 천도 운동은 …… 낭가와 불교 양가 대 유교의 싸움이며, 국풍파 대 한학파의 싸움이며, 독립당 대 사대당의 싸움이며, 진취 사상과 보수 사상의 싸움이다. 묘청은 전자의 대표요, 김부식은 후자의 대표였던 것이다. 묘청의 천도 운동에서 묘청 등이 패하고 김부식이 이겼으므로 조선사가 사대적 · 보수적 · 속박적 사상인 유교 사상에 정복당하고 말았다. 만약 김부식이 패하고 묘청이 이겼더라면, 조선사는 독립적 · 진취적으로 진전하였을 것이니, 이것이 어찌 조선 역사상 '일천년래 제일대사건'이라 하지 아니하랴. 《조선사연구초》

 해석하기 신채호가 서경 천도 운동을 '일천년래 제일대사건'이라고 한 까닭은 무엇인가요?

역사 토론

📍 묘청은 반역자일까, 선각자일까?

[토론 내용] 서경 천도 운동은 역사에서 논쟁거리가 적지 않다. 묘청은 서경으로 천도해 자주 국가로 나아가는 기틀을 마련하자고 주장했으나 실패하자, 서경에서 들고 일어났다. 그러나 김부식이 이끄는 진압군에 의해 1년 만에 실패로 돌아가고 말았다.

 1. 반역자이다.

묘청은 서경 출신이라 개경에서 성공하기 힘들었다. 개경에는 이미 기반을 든든히 다져놓은 귀족이 권력을 잡고 있었기 때문이다. 묘청은 자기가 차지할 권력이 없자, 아예 왕을 자기 권력 기반이 있는 서경으로 데리고 가려고 했던 것이다. 자기 권력을 위해서 왕을 이용하려 한 것이므로 당연히 반역자이다.

 2. 아니다. 선각자이다.

'이자겸의 난'을 겪으면서 왕권은 땅에 떨어질 대로 떨어지고 나라는 혼란에 빠졌다. 그것은 개경 귀족이 권력을 마구 휘둘렀기 때문이다. 그러므로 서경으로 천도해 개경 귀족을 누르고 왕권을 강화하려고 한 것은 나라를 안정시키기 위한 방법이다.

 3. 그래도 반역자이다.

서경으로 천도하는 것이 실패했다면, 개경에서 개혁 정책을 세우거나 해서 나라를 바로 잡기 위해 노력했어야 한다. 그러지 않고 반란을 일으킨 것은 분명히 반역이다.

 4. 아무리 그래도 선각자이다.

개경에는 귀족들이 왕을 둘러싸고 있어서 개혁 정책을 세우기가 불가능했다. 강하고 안정된 나라를 만들기 위해서는 개경 귀족을 밀어내야 하므로 난을 일으키는 것이 가장 나은 선택이었다.

[토론하기] 묘청은 반역자인가요, 선각자인가요? 자기 생각을 밝히고, 그 까닭을 쓰세요.

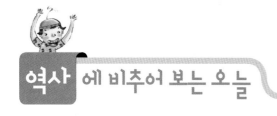

학습 내용 | 정해진 답은 없습니다. 자기 생각을 자유롭게 쓰세요.

○ 다음 글을 읽고, 물음에 대한 자기 생각을 써 보세요.

서울은 내가 태어나고 자란 곳이다. 대한민국 수도답게 서울은 대한민국에서 가장 번화한 도시이고 볼거리도 많다. 또 서울 생활에 익숙하고 친구들도 많다. 집이 좁아 동생과 한 방을 쓰고 있지만 나는 서울에 사는 것이 좋다.

그런데 아빠가 부산으로 발령을 받았다. 최소한 3년은 부산에서 근무해야 한다고 했다. 고향이 부산인 아빠는 무척 기뻐하며 이사를 가자고 한다. 삼촌과 고모는 물론 친구도 자주 만날 수 있을 거라며 좋아한다. 또 바다가 가까워 놀러가기도 좋을 것이라고 한다. 엄마는 좋아하는 회를 마음껏 먹을 수 있을 것이라며 좋아한다. 넓은 집에서 살 수 있어서 동생과 방을 따로 쓸 수 있다고도 한다. 동생은 자기 방이 생긴다는 말에 환호성을 질렀다.

그런데 나는 사투리도 알아듣기가 힘들고 낯선 곳에 사는 것도 내키지 않는다. 또 친구들과 헤어지기도 싫다.

우리 가족이 모두 부산으로 이사를 할지, 아니면 아빠만 내려갈지에 대해 회의를 했다. 가족 모두가 이사하는 데에 찬성하지만, 나는 어떻게 할지 모르겠다.

생각열기 **1.** 윗글 주인공이 '나'라면 이사를 하는 것에 찬성할까요, 반대할까요? 나의 의견에 ○를 표시하고, 찬성이나 반대를 선택한 까닭은 무엇인지 써 보세요.

• 찬성한다 / 반대한다

• 왜냐하면

이기 때문이다.

2. 오늘날 사람들이 이사를 다니는 까닭은 무엇일까요?

05 무신 정변, 그리고 농민과 천민 봉기

학습 목표

❶ 무신 정변이 일어난 까닭을 알 수 있다.

❷ 무신 정권이 이용한 권력 기구를 파악할 수 있다.

❸ '망이·망소이의 난'과 '만적의 난'이 일어난 배경을 알 수 있다.

❹ 무신 정권이 가진 한계와 신분 의식 변화를 알 수 있다.

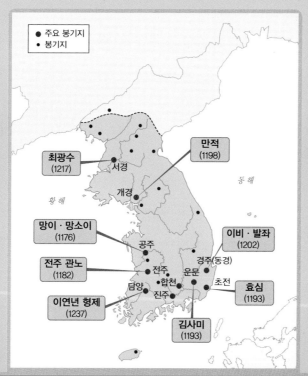

◀ 무신 정권기 농민과 천민 봉기

탐구 1 ─ 차별받던 무신이 난을 일으키다

고려 관직은 행정을 담당하는 문신과 군사를 담당하는 무신으로 나누어져 있었다. 그러나 고려가 문신을 우대하는 정책을 펴면서 문신들이 정치권력을 독차지하는 지배층을 이루고 군대 지휘권까지 장악했다. 사령관인 도원수나 부원수도 문신이 맡았는데, 거란을 물리친 서희와 강감찬, 여진을 정벌해 9성을 쌓은 윤관, 묘청의 난을 진압한 김부식도 모두 문신이었다.

무신은 왕이나 문신을 지키는 호위병으로 지위가 떨어졌다. 무신은 승진도 제대로 하지 못했고 하급 군인은 급여로 나오는 군인전도 제대로 지급받지 못한 채 잡다한 부역에 동원되어 불만이 많았다. 또 갖고 있는 토지도 함부로 빼앗아 버려서 먹고 살기가 점점 어려워졌다.

벼슬이 낮은 김돈중이 아버지인 김부식을 믿고 대장군인 정중부 수염을 장난삼아 촛불로 태워버렸다. 화가 난 정중부가 김돈중 뺨을 때리자 문신들이 정중부를 죽이라고 들고 일어났다. 정중부가 사과하면서 무마되었지만 무신은 불만이 점점 커졌다.

18대 의종은 정치에는 관심이 없고 노는 것에만 정신이 팔려 있었다. 임금이 잔치를 벌여 문신과 시를 짓고 노는 동안 무신은 제대로 쉬지도 못하고 임금과 문신을 지키는 호위병 노릇이나 해야 했다.

1170년 보현원으로 놀러 나간 의종은 무신에게 '오병수박희'라는 무술 시합을 시켰다. 무술 시합을 하던 중 환갑에 가까운 대장군 이소응이 젊은 무신에게 힘이 부쳐서 지고 말았다. 옆에서 구경하던 젊은 문신인 한뢰가 대결에서 졌다고 이소응 뺨을 때렸다. 그 모습을 보고 왕과 문신들은 박수를 치며 웃었다. 하지만 6품에 불과한 문신이 3품이나 되는 장군을 무시하는 것을 본 정중부는 거사를 실행했다.

의종이 보현원 안으로 들어가고, 문신들이 물러나오자 문 밖에서 기다리고 있던 이고와 이의방이 모조리 죽여 버렸다. 왕이 앉아 있는 의자 밑으로 들어가 목숨을 구걸하던 한뢰도 이고가 휘두른 칼에 목숨을 잃었다. 정중부와 무신들은 개경으로 가 김돈중과 나머지 문신을 죽였다. 그리고 의종은 거제도로, 태자는 진도로 귀양을 보낸 후, 의종 동생을 새 임금으로 세웠다. 하지만 왕이 된 명종은 허수아비일 뿐, 모든 권력은 무신 손에 들어갔다. 이 사건을 '무신 정변' 또는 '정중부의 난'이라고 한다.

🔍 **탐구하기**   무신들이 난을 일으킨 까닭은 무엇인가요?

탐구 2 ― 무신 정권 100년

무신이 정권을 잡자, 백성들은 차별 받던 사람이 권력을 잡았으니 세상이 좋아질 것이라고 기대했다. 하지만 무신들도 백성을 돌보지 않고 권력 다툼만 벌였다.

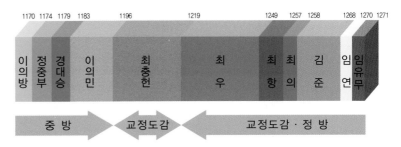

처음에 권력을 잡은 이고는 이의방에게 죽임을 당했고, 이의방은 정중부에게, 정중부는 경대승에게 죽임을 당했다. 권력자를 죽인 사람은 그 권력을 그대로 차지했다. 물론 경대승은 이전 권력자와 달리 행정 실무 능력이 없는 무신이 독차지했던 관직을 능력 있는 문신에게도 주었고, 물려받은 재산도 백성에게 나누어 주었다. 명종이 상으로 벼슬을 내렸으나 스스로 권력을 잡지 않으려고 받지 않았다. 또 경호를 위해 만든 도방에서 군사와 같이 먹고 자며 지냈다.

경대승이 4년 만에 병으로 죽자, 천민 출신인 이의민이 최고 권력자가 되었다. 이의민을 죽이고 권력을 잡은 사람은 최충헌이었다. 이때부터 최씨 집안에서 최우, 최항, 최의로 60년 동안 독재 권력을 이어 갔다.

최충헌은 교정도감을 만들어 나랏일을 보았다. 교정별감은 대대로 최씨 무신 정권 최고 권력자에게 이어졌다. 그들은 지위를 이용해 임금을 바꾸는 등 나랏일을 마음대로 했다.

최충헌을 이은 최우는 교정도감과 함께 자기 집에다 정방을 설치해 인사권을 손아귀에 쥐었다. 정방을 통해 행정 실무에 어두운 무신을 대신해 문학적 소양과 행정 실무 능력을 두루 갖춘 문신을 등용했다. 또 사병 집단인 삼별초를 만들어 정권을 유지하는 도구로 삼았다. 최씨 무신 정권이 최항과 최의로 이어지며 안정되었으나 자기 이익만 챙기고 백성을 보살피는 데에는 힘쓰지 않아 민심을 잃었다.

김준이 최의를 죽이자 4대 60년에 걸친 최씨 무신 정권이 막을 내렸다. 김준은 몽골에 항복하자는 세력에 맞서 고려를 지키려고 했으나 임연에게 죽임을 당했다. 원종이 몽골에 항복하고 개경으로 돌아가 제도를 원나라식으로 바꾸자 100년 동안 이어진 무신 정권도 막을 내렸다.

> **탐구하기** 무신 정권 시기 최충헌이 만든 최고 정치 기구는 무엇인가요?

탐구 3 ➤ 농민과 천민이 봉기하다

　무신이 권력을 잡자 문신인 동북면 병마사 김보당은 의종을 경주로 모셔온 후, 복위시키려 했으나 실패했다. 또 서경유수 조위총이 농민을 모아 반란을 일으켰다. 전세가 불리해지자 금나라에 알려 도움을 받으려 했지만 거절당했다. 조위총이 죽고 진압된 다음에도 농민 봉기는 남쪽으로 퍼져나갔다. 공주 명학소에서는 무거운 조세와 차별에 시달리던 사람들이 망이·망소이 형제를 중심으로 봉기를 일으켰다. 놀란 고려 조정은 명학소를 충순현으로 올려주며 달랬다. 망이·망소이는 처벌하지 말고 고향으로 보내 달라며 항복했다. 그러나 조정이 약속을 지키지 않고 탄압하자 다시 봉기했다. 조정은 충순현을 다시 명학소로 낮추고 진압에 나섰다. 망이·망소이는 아산까지 진격했으나 여섯 달 만에 진압되었다. 또 김사미와 효심이 무거운 조세와 폭정에 반발해 경상도 운문과 초전에서 봉기했다. 두 세력이 하나로 합쳐지면서 경상도 지역에서 이듬해까지 세력을 떨쳤다.

　최충헌 집 노비 만적은 함께 나무하러 간 산에서 노비들을 모아놓고 연설을 했다. "우리나라에서는 무신 정변이 일어난 뒤부터 천민이 높은 자리에 오르기도 했다. 왕후장상은 씨가 따로 있는 게 아니다. 시기만 잘 만나면 누구나 될 수 있는 것이다. 우리만 어찌 뼈 빠지게 일하겠는가?"라며 봉기하자고 했다. 5월 17일에 거사를 일으키기로 하고 누런 종이에 '정(丁)'자를 써서 표식으로 삼았다.

　홍국사에 모여 궁궐로 진격한 다음, 궐 안 노비들과 힘을 합쳐 최충헌을 비롯한 권력자를 죽이고 노비 문서를 태워 버리기로 했다. 각자 주인을 죽이고 노비문서를 불태우면 천민에서 벗어나 높은 신분에 오르고 권력도 가질 수 있다고 믿었다.

　하지만 약속한 날 모인 노비가 얼마 되지 않아 계획을 연기했다. 그 사이 한충유 집 노비였던 순정이 주인에게 밀고해 버리고 말았다. 한충유가 최충헌에게 전하자 봉기는 실패로 끝났고 노비 백여 명은 돌에 묶인 채 강물에 던져졌다. 순정은 백금 80냥을 받았고 노비에서도 해방되었다.

🔍 **탐구하기**　'왕후장상 씨가 따로 있는 게 아니다.'라며 봉기를 일으킨 최충헌 집 노비는 누구인가요?

해석 1 ─ 무신 정권이 가진 한계

　대부분 가난한 농민이었던 병사들은 군인이 된 대가로 받은 군인전을 문신에게 빼앗기고 먹고 살 수조차 없는 처지였기 때문에 권력을 잡은 무신에게 큰 기대를 걸고 있었다. 백성들도 문신에게 고통을 당하고 있었기 때문에 차별받던 무신이 문신을 몰아내자 좋은 세상이 올 것이라며 무신 정권을 믿었다.

　그러나 정권을 잡은 무신은 자기 이익을 챙기기에 바빴다. 문신이 차지하고 있던 집과 땅을 빼앗고 나라 땅은 물론 백성들 땅도 차지했다. 또 권력 다툼을 벌이느라 백성은 돌보지 않았다. 결국 문신이 가지고 있던 재물과 권력이 무신으로 주인만 바뀌었을 뿐 백성들 삶은 나아지지 않았다. 게다가 중앙 정치에서 혼란이 계속되자 지방 관리도 농민과 천민에게 가혹한 수탈을 일삼았다.

　이렇게 무신 정권 시기에 사회가 혼란했던 까닭은 다음과 같다.

첫째, 무신은 세상을 바로잡으려는 뜻을 모아서 일어난 것이 아니라 차별에 반발해서 일어났기 때문이다. 그래서 문신이 하던 폭정을 그대로 이어받고 더 심하게 백성들을 수탈했다.
둘째, 무신은 문학적 소양과 행정 실무 경험이 부족하여 나라를 다스릴 능력이 없었기 때문이다. 그래서 자기들끼리 죽고 죽이는 권력 다툼만 벌이느라 백성을 돌보는 데 소홀했다.
셋째, 나라를 다스리던 문신을 모두 몰아내서 정치를 담당할 인재가 없었기 때문이다. 그래서 백성을 위해서 어떤 정책을 펴야 하는지 알지 못했다.

이런 한계는 권력자가 바뀌며 백 년 동안 이어진 무신 정권기 내내 극복되지 못하고 백성은 수탈과 착취에 고통받아야 했다.

> **해석하기**　무신 정권이 가진 한계는 무엇인가요?

해석2 ─ 신분 의식이 흔들리다

천민들에게 신분 상승에 대한 희망을 준 사람은 이의민이었다. 이의민은 경주 사람으로 아버지는 소금과 야채를 파는 장사꾼이었고, 어머니는 옥련사 여종이었다. 이의민 아버지가 꿈을 꾸었는데, 이의민이 푸른 옷을 입고 황룡사 9층 목탑에 올라가는 것을 보고 큰 인물이 될 것이라고 여겼다.

▲ 고구려 안악 3호분에 그려진 수박 장면 이의민은 주로 손을 사용하여 상대를 공격하는 무술인 수박을 잘하였다.

이의민은 키가 8척이고 몸집이 컸으며 무술을 잘해 의종에게 총애를 받았다. 무신 정변 주동자인 이의방 눈에 띄어 중요한 자리에 앉았고, 무신 정변 때에는 가장 많은 문신을 죽였다. 또 경주에서 김보당이 난을 일으켰을 때 의종을 살해했다. 조위총과 김보당이 일으킨 난을 토벌한 공으로 상장군이 되었으며, 신분은 낮았지만 높은 자리에 오른 무관과 가까이하며 세력을 키웠다. 그리고 경대승이 죽자 왕을 능가하는 최고 권력자가 되었다.

신분이 낮은 무신이 권력을 잡았고 천민인 이의민이 최고 권력자가 되는 것을 보고 천민들도 신분이 높아질 수 있다는 희망을 갖게 되었다. 천민 신분이 자식들에게 이어지지 않고, 차별 받는 지역에서 벗어날 수 있다는 희망을 갖게 되면서 봉기를 일으켰다.

망이·망소이가 공주 명학소에서 봉기한 것과 최충헌 집 노비인 만적이 난을 일으키려고 했던 것은 신분 해방에 대한 희망을 행동으로 옮긴 것이다. 이들이 일으킨 난은 진압군에 의해 실패로 돌아갔지만 신분이 낮은 사람도 천한 존재라는 생각에서 벗어나 사람답게 살아야겠다는 자각이 생겨나는 계기가 되었다.

이런 움직임에 자극을 받은 무신 정권은 부패한 관리를 벌주기도 하고 향·부곡·소 같은 특수 행정 구역 사람을 차별하지 않는 정책을 쓰기도 했다.

해석하기 1. 이의민이 권력을 잡는 것을 보면서 천민들은 어떤 생각을 했을까요?

2. 농민과 천민이 항쟁하면서 얻은 성과는 무엇인가요?

역사 토론

🔍 무신 정권이 등장한 것은 나라를 바로 세운 일일까?

토론 내용 문신을 몰아내고 무신이 권력을 잡은 100년 동안 고려 사회는 크게 변화했다. 백성은 자기들처럼 차별받던 무신이 권력을 잡았기에 큰 기대를 했다.

 1. 나라를 바로 세운 것이다.

문벌 귀족이 권력을 이어가면서 백성에게 토지를 빼앗고 폭정을 일삼던 것을 무신이 막았다. 무신이 들고 일어나지 않았다면 문신은 끝없이 횡포를 부렸을 것이다. 부패한 문신을 송두리째 뽑아버렸으니 나라를 바로 세운 것이다.

 2. 아니다. 더 혼란스럽게 만든 것이다.

차별받던 무신이 권력을 잡자 고통을 받던 백성은 자기 처지를 잘 알아줄 것이라고 기대했으나 무신도 문신과 다를 바 없었다. 백성을 돌보지 않고 자기 욕심을 채우느라 정신이 없었다. 나라를 더 혼란스럽게 만들었을 뿐이다.

 3. 그래도 나라를 바로 세운 것이다.

신분이 낮았던 무신이 권력을 잡자 신분 의식이 크게 변화했다. 차별에 반발해 농민이나 천민이 봉기했고, 그 덕분에 가혹한 세금이 줄어들거나 차별받던 향·부곡·소가 현으로 승격되기도 했다. 이렇게 차별을 바로잡는 계기가 되었기 때문에 무신 정권은 고려를 바로 세운 것이다.

 4. 아무리 그래도 더 혼란스럽게 만든 것이다.

권력을 잡은 무신이 문신을 모두 몰아내자 나라를 다스릴 인재도 없어졌고, 좋은 제도도 사라져버렸다. 무신은 글도 읽을 줄 몰랐고 공부도 하지 않았기 때문에 나라를 다스릴 능력도 없었다. 이런 사람들이 백 년 동안이나 나라를 다스렸으니 나라꼴이 제대로 될 리가 없다. 나라를 혼란스럽게만 만들었을 뿐이다.

토론하기 무신 정권은 고려를 바로 세운 것일까요? 더 혼란스럽게 만든 것일까요? 자기 생각을 밝히고, 그 까닭을 쓰세요.

○ 고려 시대에 일어난 무신 정변처럼 오늘날에도 군인이 쿠데타를 일으켜 권력을 잡은 5·16 군사 쿠데타와 12·12 군사 쿠데타가 있습니다. 군인들이 권력을 잡는 것에 대해서 생각해 봅시다.

5·16 군사 쿠데타

1961년 5월 16일에 육군 소장 박정희가 군인들을 이끌고 쿠데타를 일으켰다. 이승만 독재를 몰아내고 들어선 장면 정권이 무능하고 부패하다는 평계였다. 박정희는 모든 권력을 손아귀에 쥐고 2년 6개월 동안 군사 독재를 폈다. '국가 재건 최고 회의'라는 권력 기구와 중앙정보부를 만들어 국민을 감시하고 헌법을 개정해 국민이 가지고 있던 참정권과 입법부인 국회가 가진 권한을 축소했다. 처음에는 나라를 바로잡은 다음 민간 정권에 권력을 넘겨주기로 약속했으나 스스로 군복을 벗고 민간인 신분이 되어 대통령에 출마해 당선되었다.

박정희는 경제 개발 5개년 계획을 추진하는 등 경제 발전을 이루었다는 긍정적인 평가도 받지만 군인이 정치에 개입하는 나쁜 선례를 남겼고, 민주주의가 발전하지 못하는 부작용을 낳았다. 또한 급속한 산업화로 도시와 농촌 사이에 불균형과 빈부 격차를 낳았다.

12·12 군사 쿠데타

1979년 10월 26일, 18년 동안 독재 권력을 쥐고 있던 대통령 박정희가 총에 맞아 사망하자 국무총리 최규하는 전국에 비상계엄을 내렸다. 그런데 전두환, 노태우를 비롯한 신군부 세력이 12월 12일에 쿠데타를 일으켜 계엄 사령관 정승화를 가두고 권력을 잡았다. 쿠데타에 반대하는 국민들이 전국에서 들고 일어나자, 권력을 잡은 전두환은 총칼로 탄압했다.

1980년 5월에는 광주에서 일어난 민주화 운동을 공수부대를 투입하여 진압했고, 이때 수백 명이 넘는 사람이 죽거나 다쳤다. 전두환은 대통령이 되어 임기 7년 내내 민주화를 외치는 국민을 가두고 탄압했다.

✂ **생각열기**   나라를 바로잡는다는 명분을 내세우더라도 무력을 이용해 권력을 잡는 것은 올바른 일일까요? 자기 생각을 써 보세요.

06 몽골과 벌인 전쟁

▲ 대몽 항쟁기 강화도

▲ **처인성승첩기념비**(경기도기념물 제44호, 경기도 용인) 처인성 전투 승리 기념비

▲ **강화 산성**(사적 제132호) 1232년 고려가 몽골 제2차 침입에 대비하여 지은 성

탐구 1 ⟶ 몽골 침입

13세기 초 오랫동안 북방 초원에서 유목 생활을 하던 몽골족이 칭기즈 칸을 중심으로 나라를 세웠다. 힘이 강해진 몽골은 중앙아시아와 유럽 동부를 정복했고 만주와 고려까지 넘보았다.

1218년 몽골에 쫓긴 거란족이 국경을 넘어 강동성을 침략했다. 몽골은 거란을 토벌하겠다며 고려 땅으로 들어왔다. 식량이 떨어진 몽골군은 고려에 도움을 청했고, 고려는 몽골과 힘을 합쳐 거란족을 물리쳤다. 몽골은 거란족을 몰아내 준 은인이라며 많은 공물을 요구했다. 고려가 답이 없자 사신을 보냈다. 하지만 몽골 사신 저고여가 돌아가는 길에 압록강 근처에서 살해되었다. 몽골은 책임을 물어 1231년 고려를 침략했다.

▲ 몽골 침입 과정

몽골군에 맞서 귀주성에서 박서가 이끄는 고려군이 항쟁하자, 몽골군은 개경을 포위했다. 다급해진 무신 정권이 서둘러 화해를 청하자, 몽골군은 점령한 지역에 다루가치(지방 감시관) 72명을 두고 철수했다. 하지만 몽골은 무리한 요구를 거듭하며 고려를 괴롭혔다. 당시 최고 권력자였던 최우는 개경을 지키면서 싸우는 것이 불가능하다는 것을 깨닫고 강화도로 수도를 옮겼다. 몽골군은 말을 타고 하는 육상 전투에는 강했지만 해상 전투에는 약했고, 강화도는 물살이 거칠고 험해서 건너기가 어려웠기 때문이다.

몽골은 침략한지 7개월만인 1232년, 고려가 강화도로 들어갔다는 소식을 듣고 다시 침략했다. 개경을 함락하고 한강을 건너 남쪽으로 내려왔다. 몽골이 강화도에 사신을 보내 육지로 나오라고 했으나 고려는 응하지 않았다. 몽골군은 강화도를 공격하지는 못하고 다른 지역만 공격했다. 이때 대구 부인사에 있던 초조대장경이 불탔다. 몽골이 처인성(용인)을 공격했고 김윤후가 이끄는 의병과 승병이 살리타를 죽이자 몽골군이 물러갔다.

1235년 몽골이 다시 침략해 5년 넘게 싸움을 벌였다. 고려가 항복하겠다고 하자 고려왕이 직접 몽골 왕에게 절하는 입조를 약속받고 물러갔다. 그러나 고려는 약속을 지키지 않았다. 1247년 다시 고려를 4차 침략했지만 몽골 왕이 죽자 전쟁을 멈추고 물러갔다.

1253년 몽골이 다시 침략했을 때는 고려 왕이 개경으로 돌아가겠다는 약속을 받고 물러갔다. 그러나 고려 조정은 이번에도 약속을 지키지 않았고, 몽골은 다시 고려로 쳐들어왔다. 이때 몽골군은 수많은 백성을 포로로 잡아갔으며, 온 나라를 약탈했다. 그동안 저항하던 백성들도 견디지 못하고 몽골에 항복하거나, 반란을 일으켜 몽골 편에 서기도 했다. 고려 조정이 아무 대책도 없이 화의를 맺었다가 약속을 어기는 일을 되풀이하자 백성은 스스로 몽골에 맞서야 했다.

1258년 최의가 암살당하고 최씨 정권이 무너지자 고려 조정은 전쟁을 치를 의지도 잃어버렸다. 1270년 고려 원종은 강화도에서 나와 개경으로 돌아갔고, 무신 정권도 막을 내렸다. 고려는 30여 년 동안 여러 차례에 걸친 몽골 침략을 끈질기게 막아냈지만, 전 국토와 백성은 많은 피해를 입었다.

※ 고려와 몽골이 벌인 전쟁

제1차	1231년 살리타가 이끄는 몽골군이 압록강을 건너 남쪽으로 내려왔다. 몽골군이 개경을 포위하자 강화를 맺었고, 몽골군은 물러갔다.
제2차	1232년 살리타가 다시 침략했으나 처인성에서 죽자 몽골군은 물러갔다. 이때 부인사 '초조대장경'이 불타 없어졌다.
제3차	1235년 몽골은 다시 고려를 침략했다. 5년간에 걸쳐 전국 각지를 휩쓸었는데, 이때 '황룡사 9층 목탑'도 불타버렸다. 무신 정권은 부처 힘으로 몽골군을 물리치려고 '팔만대장경'을 만들었다.
제4차	1247년 몽골은 강화도에서 나오라며 침략했으나 몽골 왕이 죽자 후계 다툼을 하느라 물러갔다.
제5차	1253년 몽골군이 충주성을 공격해 70여 일에 걸쳐 치열한 전투를 벌이다 물러갔다.
제6차	1254년 몽골 침입으로 가장 피해가 컸던 시기이다. 몽골군은 전국을 휩쓸며 약탈했고, 20만 명이 넘는 백성들을 포로로 끌고 갔다.
제7차	1255년 몽골군이 강화도를 공격하려 하자 고려에서 사신을 보내 설득하자 물러갔다. 1257년 해마다 몽골에 보내던 공물을 중단하자 또 침략했다. 1258년 최의가 피살되자 고려는 사신을 보내 항복했다. 1270년 원종이 강화도로 천도한지 39년 만에 개경으로 환도하였다.

탐구하기 몽골이 고려를 침입했을 때 강화도로 수도를 옮긴 까닭은 무엇인가요?

탐구 2 ─ 삼별초 항쟁

삼별초 좌별초, 우별초, 신의군을 합쳐서 부른 군대인데, 최우가 조직한 야별초를 발전시킨 특수 부대였다.

1270년 고려 조정이 개경으로 환도하고 강화도에 있던 삼별초에게 해산 명령을 내렸다. 그러나 삼별초는 해산에 반발해 배중손을 중심으로 대몽 항쟁을 선포했다. 새 왕을 세우고 관리를 뽑아 스스로 조정을 만들었다. 그리고 배 천여 척에 재물을 싣고 남쪽으로 떠났다. 해전에 약한 몽골군에 맞설 수 있고 기름진 땅이 많아 농사를 지을 수 있는 진도에 자리를 잡았다. 용장성을 쌓고, 궁궐과 관아를 지었다. 제주도를 비롯한 둘레 섬을 손아귀에 넣고 전라도, 경상도까지 활동 영역을 넓혀갔다. 육지 곳곳에서도 몽골에 항복한 왕에 반대하는 백성이 삼별초를 따랐고, 진도로 옮겨오기도 했다. 삼별초는 왜에 사신을 보내 힘을 합쳐 몽골에 대항하자고도 했다. 북쪽으로 진격해 전주까지 쳐들어가기도 했다.

그러자 고려와 몽골군이 진도를 여러 차례 공격했고 결국 함락되었다. 배중손이 전사하고 삼별초가 세운 왕도 죽임을 당하자 김통정은 남은 군사를 이끌고 제주도로 옮겨가 계속 항쟁했다. 전라도와 경상도까지 다시 힘을 뻗치며 세력을 키웠으나 고려와 몽골군으로부터 공격을 받아 1273년에 근거지인 항파두리가 함락되면서 4년간의 항쟁이 끝났다.

▲ 삼별초 항쟁

천여 명이 포로로 잡히고 김통정은 처형되었다. 일본을 정복하려고 했던 몽골은 제주도에 계속 군대를 주둔시켰고 탐라총관부를 만들어 제주도를 직접 다스렸다. 유배지를 만들어 도둑을 귀양 보내기도 하고 말도 길렀다.

 탐구하기 **1.** 해산 명령에 반기를 들고 삼별초를 처음으로 이끌었던 사람은 누구인가요?

2. 삼별초가 몽골과 조정에 대항해 싸웠던 지역을 순서대로 쓰세요.

해석 1 ~ 백성들이 몽골에 맞서 싸운 까닭은?

고려 지배층은 몽골군과 싸울 생각은 않고 강화도로 옮겨가면서 백성에게는 섬이나 산으로 들어가라고만 했다. 그리고 육지에서와 마찬가지로 세금을 걷고 호화로운 생활을 했다.

고려 시대를 다룬 역사책을 보면 대몽 항쟁 때 지배층과 백성이 어떻게 살았는지 알 수 있다.

백성

성이 함락되어 4천 7백여 명이나 죽었다. 10살 넘는 남자는 모두 죽임을 당했고, 여자와 어린이는 잡혀갔다. 1254년 일 년 동안 잡혀간 남녀는 20만 7천여 명이나 되고 죽은 사람은 헤아릴 수 없으며 거쳐 간 곳은 모두 잿더미가 되었다. 백성은 굶주려 죽어갔고, 늙은이와 어린이는 길가에서 죽어갔다.

지배층

최우가 잔치를 열었다. 채색 비단으로 장막을 두르고 가운데에는 그네를 매었다. 무늬 비단과 채색 그림으로 장식을 했다. 전국에서 모인 악사 1,350여 명이 호화롭게 단장하고 풍악을 연주했다. 거문고와 노래, 북, 피리 소리가 천지를 진동했다.

최우가 백성 집 백여 채를 빼앗아 격구장을 만들었다. 격구를 할 때는 사람을 동원해 먼지가 나지 않도록 물을 뿌렸다. 격구장을 넓히기 위해서 집을 더 빼앗았는데 수백 채나 되었다.

백성들이 전국에서 몽골군과 싸운 까닭은 나라에서 지켜주지 않고 관리마저 도망가 버리자 스스로 자기 가족과 고장을 지킬 수밖에 없었기 때문이었다.

귀주성에서는 몽골군에게 쇳물을 붓고 돌을 던져 막으면서 한 달 동안이나 성을 지켜냈다. 아무리 공격해도 무너지지 않자 몽골군은 결국 포기하고 물러갔다. 처인성에서도 김윤후가 이끄는 승병과 의병이 몽골군을 막아냈다. 충주성에서는 김윤후가 노비 문서를 불태우며, 힘을 다해 싸우자고 했다. 충주성에 있는 천민들은 천한 신분이지만 후손은 노비에서 벗어날 수 있다는 희망을 품고 끝까지 싸웠다.

많은 나라가 몽골군에게 무너졌지만 수십 년 동안 고려가 몽골과 전쟁을 벌일 수 있었던 것은 이런 백성들 때문이었다. 백성들이 끈질기게 맞서 싸운 덕분에 몽골은 고려 조정을 그대로 인정해 주었다.

> **해석하기** 백성들이 몽골에 맞서 싸운 까닭은 무엇인가요?

해석2 ― 삼별초는 무엇을 위해 싸웠나?

그동안 삼별초는 몽골에 맞서 끝까지 항쟁한 군대라고 여겨왔다. 그러나 삼별초는 나라를 지키기 위해 싸운 군대는 아니었다.

삼별초는 최우가 들끓는 도적을 잡는다며 만든 부대이다. 별초는 '특별히 뽑힌 용사로 만든 군대'란 뜻이다. 처음에는 야별초라고 했는데, 숫자가 늘어나자 좌별초와 우별초로 나누었다. 여기에 몽골로 잡혀갔다 도망 온 사람이나 몽골군 때문에 가족을 잃은 사람들로 구성한 부대인 신의군을 만들었다. 이 세 부대를 합쳐 삼별초라고 불렀다. 그러나 실제로 삼별초가 잡으려한 도적은 무신 정권 때 봉기한 농민과 천민들이었다. 결국 삼별초는 무신 정권을 지키고, 권력을 유지하기 위한 부대였다. 그 대가로 다른 군인들보다 녹봉도 더 많이 받고 상여금도 받았으며, 진급에서도 큰 혜택을 누렸다. 몽골과 전쟁이 시작되자 대몽 항전에 참여하기도 했지만 본래 역할은 최씨 무신 정권을 지키는 일이었다.

무신 정권이 무너지자 원종은 삼별초에 속한 군인들 이름을 적은 명부를 몽골에 바치면서 해산 명령을 내렸다. 그러자 삼별초가 반발해 난을 일으켰다. 명부가 몽골 손에 들어가면 처벌을 받을 것이 뻔하기 때문이었다.

몽골에 항복한 다음에 일으킨 반란이기 때문에 대몽 항쟁이라고 여겨 왔으나 나라나 민족, 자주정신과는 상관이 없었다. 자신들 권력과 목숨을 지키기 위한 반란에 불과했다. 다만 백성들이 삼별초를 따른 것은 몽골에 대항하기 위해서였다. 고려 조정은 몽골에 항복해 버렸으나, 백성들은 삼별초와 힘을 합쳐 몽골에 맞서려고 했던 것이다. 삼별초가 4년 동안이나 진도와 제주도로 옮겨가며 항쟁할 수 있었던 것은 백성들이 동참했기 때문이었다.

삼별초 항쟁이 널리 알려진 것은 일제 강점기 때이다. 독립운동을 위해서 외세에 맞서 싸운 역사를 널리 알려서 민족 자긍심과 독립의지를 높여야 했기 때문이다. 삼별초가 권력 투쟁과 자신들 안전을 위해 벌인 반란을 대몽 항쟁으로 미화시켰다. 삼별초는 자기 권력을 유지하기 위해 몽골과 고려 조정에 끝까지 맞서 싸운 것뿐이다.

 해석하기 백성들이 삼별초를 지지한 까닭은 무엇인가요?

📍 강화 천도는 나라를 지키기 위한 것일까? 권력을 지키기 위한 것일까?

[토론 내용] 무신 정권은 몽골이 침략하자 장기 항전이라는 명분을 내세워 수도를 강화도로 옮겼다. 그러나 백성들이 몽골군에 맞서는 동안 강화도에서 호화로운 생활을 이어갔다.

[토론] **1. 나라를 지키기 위한 것이다.**

몽골군과 바로 맞서 싸워서 이길 가능성은 없었다. 몽골군이 침략해 일단 강화를 맺었지만 계속되는 무리한 요구에 응할 수 없었다. 몽골은 해전에 약했기 때문에 무신 정권은 강화도로 천도해 오랫동안 맞서 싸우려 한 것이다.

[토론] **2. 아니다. 권력을 지키기 위한 것이다.**

무신 정권은 자기 권력과 안전만을 생각했다. 수도를 지키면서 맞서 싸워볼 생각은 전혀 하지 않고 천도에 반대하는 신하를 죽이면서까지 수도를 옮겼다. 몽골에 굴복하면 권력이 무너질 거라고 생각한 최우는 수레 100개에 재산을 실어 강화도로 옮겼고, 백성들에게는 몽골군에 맞서 피신하라는 명령만 내렸을 뿐이었다.

[토론] **3. 그래도 나라를 지키기 위한 것이다.**

몽골군은 막강한 군대였고, 강화도로 옮기지 않고 싸워서는 항복할 수밖에 없었다. 강화도로 옮겨서 외성과 내성을 쌓아서 몽골에 맞서 싸우려 했다. 또한 끈질기게 강화도에서 버텼기 때문에 뒤에 강화 조건을 체결할 때 몽골에 점령당한 다른 나라와 다르게 유리할 수도 있었다.

[토론] **4. 아무리 그래도 권력을 지키기 위한 것이다.**

몽골 침입으로 약탈당하고 백성이 죽어가고 있을 때도 무신 정권은 사치스러운 생활을 했다. 삼별초도 정권을 지키는 사병으로만 두었다. 몽골과 맞서 싸운 것도 관리나 관군이 아니라 백성이었다. 무신 정권은 자기 권력만 유지하려 한 것이다.

[토론하기] 강화도로 수도를 옮긴 것은 나라를 지키기 위해서였을까요? 권력을 지키기 위한 것이었을까요? 자기 생각을 밝히고, 그 까닭을 쓰세요.

❍ 오늘날 일어나는 전쟁은 예전에 비해 규모도 크고, 피해를 입는 사람도 많습니다. 하지만 전쟁은 계속해서 일어나고 있습니다. 자료를 읽고 전쟁에 대해 생각해 봅시다.

20세기 이후 제1차 세계 대전, 제2차 세계 대전, 한국 전쟁, 베트남 전쟁, 아프간 전쟁, 이라크 전쟁 등 많은 전쟁이 일어났고, 많은 사람이 목숨을 잃었다.

제1차 세계 대전에서는 900만 명이, 제2차 세계 대전에서는 7,300만 명, 베트남 전쟁에서는 200~380만 명이 목숨을 잃었다. 한국 전쟁에서는 남한군 15만 명, 유엔군 3만 명, 북한군 52만 명, 중국군 11만 명이 사망했다. 군인이 아닌 민간인도 남북을 합쳐서 300만 명 이상이 사망했다. 2011년까지 이라크에서 일어난 전쟁에서는 약 16만 명, 아프간 전쟁에서는 약 14만 명이 목숨을 잃었다. 하지만 지금도 전 세계에서 전쟁이 끊이지 않고 있다.

미국은 아프간 전쟁과 이라크 전쟁에서 승리했다고 주장한다. 하지만 군인 5,200여 명이 사망했고, 5만 명이 부상을 입었다. 전쟁 후유증으로 정신적 고통을 겪거나 자살한 사람도 많다.

이미 전쟁을 치르는 데 든 비용과 앞으로 부상자나 후유증 환자를 치료하는 데 들어가는 비용을 합치면 미국이 써야 할 전쟁 비용은 우리나라 1년 예산 10배가 넘는 5천조 원이 넘을 것이라고 한다.

이렇게 큰 피해를 입었는데도 전쟁에서 이긴 것이라고 할 수 있을까?

생각열기 **1.** 전쟁에서 이긴 나라가 얻을 수 있는 이익은 무엇일까요?

2. 아프간 전쟁이나 이라크 전쟁은 테러를 막기 위해서나 살상 무기를 가지고 있다며 일어났습니다. 테러를 막기 위해서나 더 큰 전쟁을 막기 위해서 전쟁을 일으키는 것에 대해 자기 생각을 써 보세요.

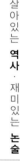

07 빛나는 문화를 꽃피운 고려

학습 목표

❶ 고려청자에 대해 알 수 있다.

❷ 고려 인쇄술 역사를 알 수 있다.

❸ 팔만대장경이 잘 보존된 까닭을 알 수 있다.

❹ 목화씨가 어떻게 우리나라에 들어왔는지를 파악할 수 있다.

▲ 해인사 장경판전 판각

◀ 해인사 장경판전

탐구 1 • 고려청자

고려 시대에는 수행을 하며 깨달음을 얻는 선종(禪宗) 불교가 유행했다. 선종 승려들은 수행을 할 때 정신이 맑아지라고 차를 마셨는데 중국에서 수입한 청자 잔에 담았다. 차 마시는 문화가 널리 퍼지자, 고려 사람은 청자를 스스로 만들려고 했다.

고려 초인 10세기 무렵에 중국 송나라 도공으로부터 도움을 받아 처음으로 개경에서 청자를 만들었다. 질이 좋은 흙을 찾아 전라도 강진과 부안에 도자소를 만들자, 청자 기술도 점점 발전했다.

11세기 무렵에는 중국 청자와는 다른, 고려만이 낼 수 있는 색깔로 청자를 구워냈다. 중국 청자가 진하고 어두운 녹색이라면, 고려청자는 탁하지 않으면서 은은하게 푸른빛을 내는 비색이었다.

사신으로 고려에 왔던 서긍은 《고려도경》에 "고려 사람은 도자기 빛깔이 푸른 것을 비색이라고 부른다. 요즈음에는 기술이 더욱 정교해지고 빛깔도 더 좋아졌다."고 기록했다. 또 송나라 학자 태평노인은 《수중금》에서 "고려청자 비색은 천하제일"이라고 칭송했다.

12세기에는 상감 기법으로 청자를 만들어냈다. 표면에 그림을 그려서 파낸 후, 파낸 자리에 검은 흙이나 흰 흙을 메우고 유약을 발라 가마에서 구웠다. 이것을 상감 청자라고 한다. 나전 칠기나 금속 공예에 사용하던 상감 기법을 자기에 응용한 것은 고려가 처음이었다.

▲ 청자 참외 모양 병(국보 제94호)

▲ 청자 상감 구름학무늬(운학문) 매병 (국보 제68호)

고려청자는 찻잔, 접시, 항아리, 주전자, 베개와 같은 생활용품뿐만 아니라 향로 같은 제사용품과 벼루, 연적 같은 문방구에 이르기까지 다양하게 만들어졌다. 하지만 고급 그릇이어서 모든 사람이 쓸 수 있는 것은 아니었다. 왕실이나 귀족만 쓸 수 있었다.

탐구하기 상감 청자는 어떻게 만드나요?

탐구2 ┈ 합천 해인사 대장경판(팔만대장경)

인쇄술이 발명되기 전에는 손으로 글자를 한 자씩 옮겨 쓰거나 돌에 대장경 불교 경전인 불경들을 모아 만든 책이다.
새겨 탁본을 떠서 기록으로 남겼지만 8세기 무렵 나무 판에 글자를 새
겨 먹물을 묻혀 종이를 대고 찍어 내는 목판 인쇄술이 등장했다. 고려 시대에는 부처님 말씀을 널리
알리기 위해 대장경을 만들면서 목판 인쇄술이 더욱 발전했다.

고려 시대에 만든 첫 대장경은 거란이 침입한 1011년에 만든 '초조대장경'이다. 부처님 말씀을 되
새기면서 어려움을 이겨내려고 처음 만든 대장경이란 뜻으로 '초조대장경'이라 불렀다. 그러나 몽골
군에 의해 대구 부인사에 보관하고 있던 초조대장경이 불타버렸다. 최씨 무신 정권은 부처님 힘을 빌
려 몽골군을 물리치고 백성들 마음을 하나로 모으려고 대장경을 다시 만들기로 했다.

1236년 대장경을 제작하는 기관인 대장도감을 설치해 만들
기 시작했고 16년이 지난 1251년 완성했다. 고려 재조대장경
은 부처님 가르침을 새겨 놓은 경판이 8만 1,258장이어서 '팔만
대장경'이라고도 한다. 목판 앞뒤로 글자를 새겼기 때문에 실제
로는 그 두 배인 16만여 장이다. 강화도 선원사에서 보관하다
가 조선 태조 때 합천 해인사에 장경판전을 지어서 옮겼다.

▲ 합천 해인사 대장경판(국보 제32호)

팔만대장경은 초조대장경뿐만 아니라 송나라와 거란에서 만든 대장경을 비롯한 여러 경판을 참고
하고 다른 대장경에 잘못 기록된 것을 바로 잡아서 만들었다. 뿐만 아니라 5,200만 자가 넘는 데도 잘
못 쓰거나 빠뜨린 글자가 없고, 글씨체도 마치 한 사람이 쓴 것처럼 일정하다.

대장경 경판 나무는 매우 까다로운 준비 과정을 거쳤다. 뒤틀리거나 썩는 것을 막기 위해 나무를
바닷물에 3년 동안 담갔다가 일정한 크기로 자른 다음, 다시 소금물에 삶은 뒤 그늘에 말렸다. 글자
를 새긴 뒤에는 벌레와 습기를 막기 위해 옻칠을 했다. 그리고 경판이 쪼개지거나 뒤틀리는 것을 막
기 위해 양쪽 끝에 마구리를 붙였다. 그런 다음 네 귀퉁이에 동판을 붙여 경판을 운반할 때 닳지 않게
보호했다. 이렇게 지혜와 정성으로 만든 팔만대장경은 그 가치를 인정받아 유네스코 세계 기록 유산
으로 지정되어 보호받고 있다.

> **탐구하기** 고려가 대장경을 만든 까닭은 무엇인가요?

탐구 3 ─ 금속 활자

목판으로 만든 책은 거란과 몽골 침략으로 대부분 불타 버렸다. 또 남아 있던 목판도 갈라지고 휘는 성질 때문에 오래 보관하기 어려웠고 글자 하나를 잘못 새기면 다시 한 판을 만들어야해서 불편했다. 그래서 불에 잘 타지 않고 오래 보관할 수 있는 금속에 글자를 새기게 되었다. 금속 활자는 오래 보관할 수 있고, 한 자씩 조합해 문장을 만들 수 있어서 목판 인쇄처럼 한 판씩 다 만들지 않아도 되었다.

금속 활자는 고려가 가장 먼저 만들었다. 금속 활자로 처음 찍어 낸 책은 《상정고금예문》이다. 예절에 관한 책이었는데, 지금은 전해지지 않고 '1234년에 찍었다.'라는 기록만 남아 있다.

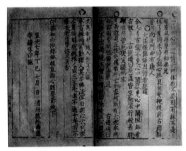

▲ 직지심체요절

고려 시대에 간행된 금속 활자본으로 유일하게 전해오고 있는 것은 《직지심체요절》이다. 원래 이름은 《백운화상초록불조직지심체요절》인데, 줄여서 《직지심체요절》 또는 《직지》라고 부른다. 승려인 백운 화상이 부처님과 유명한 승려들이 남긴 가르침, 대화, 편지 등에서 중요한 내용을 뽑아 엮은 책이다. 백운 화상이 세상을 떠나자 가르침을 널리 알리기 위해 제자들이 1377년(우왕 3년)에 청주 흥덕사에서 금속 활자로 인쇄했다.

《직지심체요절》은 상·하 두 권이었으나, 상권은 전해 오지 않고 하권만 프랑스 국립 도서관에 남아 있다. 대한 제국 때 주한 프랑스 초대 대리 공사로 부임한 콜랭 드 플랑시(Collin de Plancy)가 우리나라에 근무하면서 고서 및 각종 문화재를 수집해 갔는데, 이때 《직지심체요절》을 프랑스로 가져갔다.

중국 고서에 같이 보관되어 있던 《직지심체요절》은 프랑스 국립 도서관에서 연구원으로 일하던 박병선 박사에 의해 세상에 모습을 드러냈는데, 1972년 '세계 도서의 해' 기념 전시회에 출품되면서 세상을 깜짝 놀라게 했다. 이전까지 세계에서 가장 오래된 금속 활자본은 구텐베르크가 제작한 《42행성서》였는데, 그보다 78년이나 앞선 《직지심체요절》이 발견되면서 역사가 바뀐 것이다.

2001년 유네스코는 '《직지심체요절》은 현존하는 금속 활자 인쇄물 가운데 세계에서 가장 오래된 것이며, 인류 인쇄 역사와 기술 변화를 알려주는 매우 중요한 증거물'이라며, 유네스코 세계 기록 유산으로 등재했다.

> **탐구하기** 《직지심체요절》이 유네스코 세계 기록 유산에 등재된 까닭은 무엇인가요?

해석 1 ─ 팔만대장경을 온전하게 지킨 비결은?

팔만대장경은 나무에 새긴 것이라 습도가 너무 높으면 썩고, 너무 건조하면 갈라져 버린다. 그런데 장경판전은 나무로 만든 경판을 750여 년이 지난 지금까지 옛 모습 그대로 간직하고 있다. 팔만대장경 경판이 온전하게 보존된 비결은 무엇일까?

장경판전은 긴 일(一)자형 건물 두 개가 마주 보고 있고, 양쪽에 작은 건물이 각각 자리 잡은 'ㅁ'자형이다. 앞쪽인 남쪽에 있는 긴 건물을 수다라장, 뒤쪽인 북쪽에 있는 긴 건물을 법보전이라고 한다. 두 건물 나무 창살이 달린 창 크기를 보면 앞쪽과 뒤쪽이 다르

▲ 해인사 장경판전 창문

다는 것을 알 수 있다. 수다라장과 법보전 남쪽에 있는 창은 아래쪽이 크고 위쪽이 작다. 반대편인 북쪽에 있는 창은 아래쪽에 작은 창을, 위쪽에 커다란 창을 설치했다. 바람이 남쪽 큰 창으로 들어와 경판 사이를 돈 다음, 위로 올라가 북쪽 큰 창으로 빠져나가게 된다. 이런 구조 덕분에 특별한 장치를 달지 않아도 장경판전 전체에 바람이 골고루 통한다.

건물 바닥에도 비밀이 숨어 있다. 장경판전을 지으면서 바닥을 깊게 파서 맨 밑에 모래와 횟가루, 찰흙을 섞어서 다져 놓고 중간에는 숯, 맨 위에는 소금을 깔았다. 비가 많이 내리는 장마철에는 습기를 빨아들이고, 비가 내리지 않아 건조할 때는 흙 속에 있는 수분을 내보내어 적절한 습도를 유지한다.

해인사는 여러 차례에 걸쳐 화재가 발생했다. 그런데 장경판전만은 피해를 입지 않았다. 장경판전이 무사할 수 있었던 것은 다른 건물과 떨어져 있기 때문이다. 다른 건물에서 난 불이 바람을 타고 옮겨 붙는 것을 막기 위해 장경판전은 해인사에서 가장 안쪽 높은 언덕에 짓고 사방으로 높은 담장을 세웠다.

이처럼 자연환경을 철저히 분석한 과학적인 설계 덕분에 팔만대장경은 온전하게 남아 있는 것이다.

해석하기 해인사 장경판전이 팔만대장경을 잘 보존할 수 있었던 까닭은 무엇인가요?

해석 2 ▸ 문익점은 목화씨를 붓두껍 속에 몰래 숨겨서 들여왔을까?

고려 시대에는 삼베, 모시, 비단 등으로 옷을 지어 입었다. 일반 백성은 삼베나 모시로 만든 옷을 주로 입었고, 귀하고 가격이 비싼 비단은 귀족만 입었다. 삼베나 모시로 만든 옷은 땀을 잘 흡수하고 바람이 잘 통해 여름에는 시원했지만 겨울에는 추위를 막지 못해 떨어야 했다.

그러나 문익점이 가져온 목화씨가 모든 것을 바꾸어 놓았다. 공민왕 때 원나라에 사신으로 갔던 문익점은 원나라 사람들이 목화로 만든 옷을 입고 따뜻하게 지내는 것을 보고 목화씨를 가지고 돌아왔다. 목화를 재배하게 되면서 목화솜을 넣은 옷과 따뜻한 이불로 추위에 떨지 않게 되었다.

그런데 문익점이 목화씨를 몰래 붓두껍에 숨겨서 들여왔다고 알고 있다. 목화씨는 다른 나라로 가져갈 수 없는 물건이라 들키지 않으려고 붓두껍에 넣어 왔다는 것이다. 그러나 기록을 살펴보면 목화씨는 붓두껍에 숨겨서 몰래 가지고 오지도, 원나라에서 금지하지도 않았다.

> "문익점이 원나라 사신으로 갔다가 본국으로 돌아오면서 목화씨를 얻어 가지고 와서 장인인 정천익에게 부탁해 심었다. 처음에는 재배 방법을 몰라서 거의 다 말라버리고 한 그루만 남았다."
> – 《고려사》 –
>
> "문익점이 원나라에 갔다가 돌아오려고 할 때 길가에 있는 목면 나무를 보고 씨 10여 개를 따서 주머니에 넣어 가져 왔다. 진주에 도착해 그 중 반을 정천익에게 심어 기르게 했는데, 다만 한 개만이 살게 되었다."
> – 《태조실록》 –

이처럼 붓두껍 속에 감추어서 들여왔다는 내용은 없다. 또 원나라에서 다른 나라로 나가는 것을 금지하던 품목은 화약이나 지도처럼 국가 안보에 관련된 물품이지 원나라에 널리 퍼져 있는 목화는 아니었다. 붓두껍 전설은 문익점 이야기를 부풀리면서 덧붙여진 것이다. 그렇다고 해서 문익점이 행한 위대한 업적에 빛이 바래는 건 아니다.

문익점이 존경 받는 까닭은 백성들이 추위에 떨지 않고 따뜻한 겨울을 보낼 수 있도록 의생활을 크게 바꾸어 놓았다는 데 있다. 원나라를 오가는 많은 사람들이 그냥 지나치던 목화를 문익점만이 눈여겨보았고, 목화씨를 가져와 추위에 떨지 않게 했기 때문이다.

해석하기 문익점이 원나라에서 목화씨를 가지고 돌아온 까닭은 무엇인가요?

구텐베르크는 고려 인쇄술을 모방했을까? 스스로 발명했을까?

토론 내용 미국 〈라이프〉지는 지난 1천년 동안 인류 역사에서 가장 큰 영향력을 준 100대 사건 중 1위를 구텐베르크 '금속 활자 발명'을 꼽았다. 하지만 《직지심체요절》은 구텐베르크가 펴낸 《42행 성서》보다 78년이나 앞서 인쇄되었다. 구텐베르크가 고려 인쇄술에 영향을 받은 건 아닐까?

토론 **1. 스스로 발명했다.**

고려 인쇄술이 구텐베르크에게 직접 전해졌다고 증명하는 역사 기록은 없다. 구텐베르크가 스스로 발명했다.

토론 **2. 아니다. 고려 인쇄술을 모방한 것이다.**

고려 금속 활자 인쇄술은 신라 시대 목판 인쇄부터 500여 년에 걸쳐 활자 기술을 발전시키고 연마한 결과다. 반면에 유럽은 사람이 직접 손으로 베껴 써서 책을 만드는 수준으로 인쇄 문화가 없었다. 그런 환경에서 활자 만드는 경험도 없던 구텐베르크가 10년도 안 되는 짧은 기간에 혼자 힘으로 금속 활자를 발명했다는 것은 믿기 어렵다.

토론 **3. 그래도 스스로 발명한 것이다.**

늦게 만들었다고 해서 먼저 만든 기술에 영향을 받았다고 볼 수는 없다. 고려와 독일에서 비슷한 시기에 금속 활자 인쇄술이 나타난 것은 각각 생겨난 것이며, 우연한 일치다.

토론 **4. 아무리 그래도 모방한 것이다.**

미국 엘 고어 전 부통령이 2005년 서울 디지털 포럼에서 "서양에서는 구텐베르크가 인쇄술을 발명한 것으로 알고 있지만 이는 당시 교황 사절단이 고려를 방문한 이후 얻어온 기술이다. 구텐베르크가 인쇄술을 발명할 때 교황 사절단과 만났는데 그 사절단은 고려를 방문하고 여러 가지 인쇄 기술 기록을 가져온 구텐베르크 친구였다. 이 사실은 스위스 인쇄 박물관에서 알게 된 것이다" 라고 했다. 이와 같은 사실로 보아 구텐베르크가 스스로 금속 활자를 발명했다는 것은 믿기 어렵다.

토론하기 구텐베르크는 고려 인쇄술을 모방해 금속 활자를 만든 것일까요? 스스로 만든 것일까요? 자기 생각을 밝히고, 그 까닭을 쓰세요.

◎ 우리나라 문화유산을 세계 사람들이 높게 평가하는 것에 대해서 생각해 봅시다.

직지상을 아시나요?

▲ 유네스코 '직지상' 상장

유네스코에서는 1992년부터 세계에서 보존할 만한 가치 있는 기록물을 '세계 기록 유산'으로 선정해서 보존하고 있습니다. 세계 기록 유산은 각 나라에 있는 도서관이나 서고에 보관되어 있는 문서, 손으로 직접 쓴 책이나 인쇄된 책, 입에서 입으로 전해 오는 각종 자료 등을 심사해 등재합니다.

우리나라는 1997년 한글을 만든 원리와 사용 방법을 담은 책인 《훈민정음해례본》과 조선 시대 왕실에서 일어난 모든 일을 하나하나 담은 《조선왕조실록》이 등재되었고, 《직지심체요절》, 《팔만대장경판 및 제경판》 등 2020년까지 16건이 세계 기록 유산에 등재되어 있습니다. 세계에서는 네 번째, 아시아에서는 첫 번째로 많은 기록 유산을 보유하고 있습니다.

또한 유네스코는 가장 오래된 금속 활자본인 《직지심체요절》을 기리기 위해 2004년 4월 28일에 '직지상'을 제정했습니다. 세계 기록 유산 분야에서는 처음 만들어진 '직지상'은 2005년을 시작으로 2년에 한 번씩 시상식을 진행하고 있습니다. 세계 기록 유산 보호에 공헌한 개인 또는 단체에 수여되며, 수상자에게는 3만 달러가 지급됩니다.

✂생각열기 **1.** '직지상'은 세계 기록 유산에서 처음으로 제정한 상인데도 사람들이 잘 알지 못합니다. 그 까닭은 무엇일까요?

_____

_____

_____

2. '직지상'은 고려 기록 문화가 매우 뛰어났음을 보여 주는 예입니다. 여러 나라 사람들에게 《직지심체요절》이 가진 가치를 알릴 수 있는 방법은 무엇일까요?

_____

_____

_____

08 원나라 지배와 공민왕

학습 목표

❶ 고려 말 시대 상황을 알 수 있다.

❷ 공민왕이 실시한 개혁 내용을 알 수 있다.

❸ 고려양과 몽골풍에 대해 알 수 있다.

❹ 공민왕이 실시한 개혁과 한계를 생각할 수 있다.

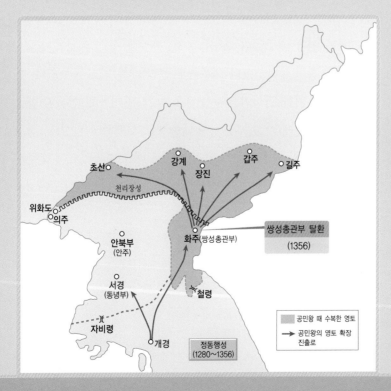

◀ 공민왕이 쌍성총관부를 탈환하고,
고려 땅으로 만든 동북면 영토

탐구 1 ▸ 원나라 속국이 된 고려

1270년 고려 원종은 30여 년에 걸친 대몽 항쟁을 끝내고 독립을 유지한다는 조건으로 원나라에 항복하고, 개경으로 돌아왔다. 이때부터 80여 년 동안 고려는 원나라로부터 지배를 받았다. 원나라 가 직접 다스린 것은 아니었고, 고려 왕실을 통한 간접 통치였다. 나라로는 인정하지만, 문제가 생기 면 사신을 보내 잘잘못을 따지거나 왕을 바꾸는 방식이었다.

충렬왕이 원나라 세조인 쿠빌라이 칸 딸을 왕비로 맞은 것을 시작으로 고려 왕은 원나라 공주와 강 제로 결혼해야 했다. 또 세자가 되면 원나라에 가서 살다가 왕위에 오르면 고려로 돌아왔다. 왕이 죽 은 뒤에 붙이는 시호에도 충(忠)자를 앞에 넣어 원나라에 충성한다는 뜻을 나타나게 했다. 충렬왕, 충 선왕, 충숙왕, 충혜왕, 충목왕, 충정왕, 이렇게 여섯 명이다.

그 가운데 충목왕은 여덟 살에 왕위에 올라 원나라 공주인 어머니로부터 섭정을 받다가 4년 뒤에 생을 마감했다. 뒤를 이은 충정왕 역시 열두 살에 왕위에 올랐으나 왜구 침입 등으로 혼란한 나라를 제대로 수습하지 못해 원나라로부터 폐위당했다. 이렇게 고려는 사사건건 원나라 간섭을 받았다.

또 고려 왕과 결혼한 원나라 공주는 왕에게 이미 부인이 있더라도 밀어내고 첫째 왕비에 올랐으며, 원나라 공주 신분을 내세워 국왕보다 더 큰 권력을 휘둘렀다. 다른 부인이 왕을 만나지 못하도록 가 두기도 했으며, 왕실 친인척을 역모로 몰아 재산을 몰수하고, 귀양 보내는 일도 많았다.

충렬왕은 즉위 4개월만인 1274년 10월 원나라가 벌인 일본 정벌에 나서야했다. 육군 8천여 명과 뱃길 안내자 및 수군 6천 7백여 명을 내주었다. 고려, 몽골, 한족을 합친 여몽 연합군 4만여 명이 일본 정벌에 나섰으나 태풍으로 큰 피해를 입고 돌아왔다. 1280년 일본 정벌을 위한 관청인 정동행성을 만들고, 이듬해 여몽 연합군 15만 명이 일본 정벌에 나섰으나 역시 태풍으로 실패하고 말았다. 창원에 있는 합 포에서 1차 원정 때만 900척 규모로 배를 만들었으며, 2차 원정 때는 훨 씬 더 많이 만들었다. 이렇게 배를 만들고 군량과 군사를 모으느라 고려 백성이 큰 어려움을 겪었다.

> **정동행성** 원나라 세조가 일본을 정벌하려고 개경에 정동행중서성을 설치하였다가 일본 정벌 계획을 그만둔 뒤로 이름을 정동행성으 로 고쳤다. 원나라 관리를 두어 고려 내정을 감시하고 간섭하게 했다.

🔍 **탐구하기** | 원나라 속국이 된 고려가 겪었던 어려움에는 어떤 것들이 있나요?

탐구 2 ⊷ 기황후와 신돈 ▸

원나라 지배와 공민왕 시기에 주목하는 두 인물이 있다. 한 명은 공녀로 갔다가 황후가 된 기황후, 다른 한 명은 공민왕 시기에 앞장서서 개혁을 추진했던 신돈이다.

💡 기황후

원나라는 고려가 항복하고 사위 나라인 부마국이 되자 몽골 군인을 결혼시키기 위해 고려 여인을 보내라고 요구했다. 이 여인들을 공녀라고 했으며, 1년에 50명 정도를 보냈다.

원나라에서 요구하는 공녀를 뽑기 위해 고려는 결혼도감을 설치해 일반 백성 딸, 역적 부인, 파계승 딸 등을 보냈다. 하지만 원나라가 어린 처녀를 보내라고 요구하자 일찍 결혼하는 조혼 풍습이 생겼다. 공녀로 보낼 수 있는 처녀가 부족하자 조혼을 금지하는 금혼령을 내리기도 했다. 원나라 황제에게 중지할 것을 상소하기도 했으나 약 80년 동안이나 이어졌다.

원나라로 끌려간 공녀 가운데에는 귀족과 결혼해 권력을 잡기도 했다. 기철 여동생은 궁궐에서 일하는 궁녀였으나 차를 올리는 모습에 황제가 호감을 가져 후궁이 되었고, 아들을 낳자 황후에 올랐다. 아들이 황태자에 책봉되자 더 큰 권력을 쥐었다. 기철은 여동생을 믿고 엄청난 권력을 휘둘렀으며, 왕도 함부로 할 수 없었다. 친척을 높은 자리에 앉히고, 나라를 좌지우지했다.

💡 신돈

원나라가 점점 약해지자 공민왕은 기철을 비롯한 친원 세력을 몰아내고 승려인 신돈을 등용해 정치를 맡겼다.

공민왕으로부터 전권을 받은 신돈은 전민변정도감을 설치해 개혁을 실시했고, 백성으로부터 많은 지지를 받았다.

권문세족은 개혁에 크게 반발하며 저항했으나 신돈은 개혁 정치를 계속 추진했다. 그러나 신돈이 큰 힘을 갖게 되고 백성이 우러러보자 공민왕은 그를 두려워해 죽이고 말았다. 신돈이 죽고 공민왕도 암살당해 추진했던 개혁이 모두 중단되었다.

> **전민변정도감** 권문세족들이 나라가 혼란한 틈을 타 불법으로 농민으로부터 빼앗은 토지를 원래 주인에게 돌려주고, 양인이었으나 억울하게 노비가 된 사람들을 찾아내 양인으로 되돌리기 위해 만든 관청이다.

🔘 **탐구하기** 공민왕 때 토지와 백성 문제를 바로잡기 위해 만든 관청은 무엇인가요?

탐구 3 → 공민왕이 펼친 개혁 정치

▲ 공민왕과 노국 대장 공주

공민왕은 아버지인 충숙왕과 형인 충혜왕이 원나라에 휘둘리는 것을 보며 큰 불만을 가졌다. 충혜왕을 이어 왕위에 오르려 했지만 다루기 어렵다며 원나라가 반대했다. 대신 충혜왕 아들로 나이가 어린 충목왕과 충정왕을 잇달아 왕위에 올렸다. 조카에게 왕위를 내주었지만 공민왕은 노국 대장 공주와 결혼해 지지 세력을 넓혀갔고, 충정왕이 나라를 제대로 다스리지 못하자 왕위에 오르게 되었다. 14세기 중엽 중국 남쪽에서 머리에 붉은 두건을 맨 홍건적이 일어나 세력을 키우자 원나라가 급격히 몰락했다. 이틈을 타 공민왕은 고려를 다시 일으키기 위해 원나라에서 벗어나려는 정책을 펼쳤다.

💡 **첫째, 몽골풍을 없애고 관제를 복구했다.** 앞머리를 밀고 뒷머리를 길게 길러 땋은 변발과 호복 같은 몽골 풍속을 없앴다. 원나라 연호를 쓰지 않고 관직과 국가 제사 의식도 원래대로 되돌렸다.

💡 **둘째, 정동행성을 없앴다.** 1차 일본 원정에 실패한 뒤 일본 정벌을 추진하기 위해 만들었으나, 고려를 간섭하는 기구로 변한 정동행성 밑에 설치된 이문소는 고려 사람을 마음대로 잡아들이던 기구였다. 이를 폐지시키고 사법권을 되찾았다.

💡 **셋째, 기철 일파를 숙청하고 친원 세력을 몰아냈다.** 기철은 기황후 오빠라는 배경을 이용해 권력을 휘둘렀다. 친척을 중요한 벼슬에 앉히고, 곳곳에 부하를 심어 왕권을 위협했다. 기철 일파를 몰아내고 신진 사대부를 등용하자, 권문세족 세력은 약해지고 왕권이 강화되었다. 이때 등용된 신진 사대부가 개혁을 추진하는 세력이 되었다.

💡 **넷째, 쌍성총관부를 공격했다.** 쌍성총관부는 원나라가 철령 북쪽 땅을 다스리기 위해 설치한 관청이다. 쌍성총관부를 공격해, 100년 동안 원나라가 다스리던 서북면과 동북면 일대를 고려 땅으로 만들었다.

💡 **다섯째, 신돈을 등용해 개혁을 추진했다.** 전민변정도감을 설치하면서 노비가 양인이 되자 나라에 세금을 내게 되어 국가 재정이 튼튼해졌고, 노비와 토지가 줄어든 권문세족은 힘이 약화되었다.

 탐구하기   공민왕은 원나라로부터 벗어나기 위해 어떤 일들을 했나요?

탐구 4 ▸ 몽골풍과 고려양 ▼

원나라 세조(쿠빌라이 칸) 사위가 된 충렬왕은 왕위에 오르기 위해 귀국할 때 변발을 하고 호복을 입었다. 그리고 부인인 제국 대장 공주가 오는 날에는 모든 신하에게 변발을 강요했으며, 그렇지 않은 신하는 환영식장에 참석하지 못하게 했다. 지배층부터 받아들이기 시작한 몽골 풍습은 생활 깊숙이 파고들었다.

▲ 천산대렵도(공민왕)

복장과 머리 모양, 음식, 명칭 등에 나타난 몽골식 풍습을 '몽골풍'이라고 했다. 고려는 불교 국가라 육식을 꺼려왔으나 고기소를 넣은 만두 같은 고기 음식을 접하게 되었다. 또 조선 시대에 고기를 끓여 먹는 설렁탕은 양을 잡아 삶아 먹는 몽골 음식 '슐루'에서 유래했다. 제주도에 조랑말이 들어온 것도 이때부터다.

왕과 왕비에 붙이는 '마마', 세자와 세자빈을 가리키는 '마노라', 임금이 먹는 음식인 '수라' 등은 몽골 출신 공주가 살았던 궁중에서 쓰이던 말로 몽골어에 뿌리를 두고 있다.

또 결혼식 때 신부가 쓰는 족두리는 원래 몽골 여성이 외출할 때 쓰는 '고고'라는 모자였는데, 우리나라에 들어와서 예식용 모자로 변했다. 신부 화장을 할 때 뺨에 연지를 찍는 화장법도 몽골에서 들어온 것이다.

반대로 원나라로 끌려간 고려 여인은 고려 사람이 입던 옷, 그릇, 음식 등을 전해주었다. 원나라에서 유행한 고려 음식이나 옷, 그릇 등 고려 문화를 '고려풍' 또는 '고려양'이라고 했다. 예를 들면, '고려병'이라고 불린 유밀과가 원나라에서 큰 인기를 끌었다. 유밀과는 밀가루에 참기름과 꿀을 넣고 반죽해서 튀긴 과자를 말한다. 충렬왕이 세자 결혼식 때 고려에서 가져온 유밀과를 맛본 원나라 사람이 '고려병'이라 이름붙였고, 결혼식에 꼭 내오는 음식이 되었다고 한다. 이외에도 고려 의원 설경성이 원나라 세조와 성종을 치료했으며, 뛰어난 바둑 고수가 초빙되어 원나라에 전파하는 데에 도움을 주었다.

고려가 약 80년 동안 원나라 지배를 받으면서 원나라는 고려에, 고려는 원나라에 문화를 전해주어 서로 영향을 주고받았다.

🔵 **탐구하기** 고려가 원나라에 전해주어 유행한 고려양에는 어떤 것들이 있나요?

해석 ● 공민왕이 벌인 개혁은 무엇이 부족했을까?

개혁은 제도나 문화 등을 더 나은 방향으로 새롭게 고쳐나가는 것을 말한다. 공민왕이 펼친 개혁은 권문세족을 약화시키고 원나라 간섭에서 벗어나 자주성을 찾기 위한 것이었다. 또 밖으로는 국제 정치 흐름을 잘 읽어내고 안으로는 백성들 살림살이를 안정시키면서 왕권을 강화해 안정된 통치 기반을 마련하기 위한 것이었다.

그러나 공민왕이 개혁을 강력하게 추진했음에도 불구하고 백여 년 동안 쌓여 온 문제를 한꺼번에 없앨 수는 없었다. 공민왕이 벌인 개혁은 무엇이 부족했을까?

💡 첫째, 개혁을 뒷받침해 줄 세력도, 재정도 부족했다.

권문세족이 토지를 독차지해 세금을 제대로 내지 않았고, 그나마 거둔 세금도 왜구에게 약탈당했다. 국고가 텅텅 비어 새로운 제도를 추진할 돈이 없었다. 새롭게 등장한 신진 사대부도 권문세족에 눌려 힘을 제대로 발휘하지 못했다.

💡 둘째, 권문세족과 무신을 비롯한 기득권 세력 반발을 제대로 누르지 못했다.

홍건적 침입을 막아내고 쌍성총관부를 되찾으면서 무신 세력 힘이 세졌다. 또 조일신의 난, 기철 역모 사건 등 권문세족이 들고 일어나 왕권을 위협했다.

💡 셋째, 왕 스스로도 한계가 있었다. 이전 왕들과 마찬가지로 측근 중심 정치를 했다.

공민왕이 원나라에 머물 때는 이제현을 중심으로 한 개혁 관료와 가까이 지냈으나 왕위에 오른 다음에는 자기와 가까운 사람만으로 나라를 운영했다.

이전 왕들은 측근 세력과 운명을 같이 했으나 공민왕은 신돈처럼 측근 세력을 만들었다가 스스로 없애기도 하면서 국왕 중심으로 나라를 운영하려고 했다. 그러나 결국 측근에 의해 죽음을 당했고 개혁도 중단되었다.

> **해석하기** 공민왕이 벌인 개혁이 반발에 부딪힌 까닭은 무엇인가요?

역사 토론

📍 공민왕이 펼친 개혁은 성공한 것일까? 실패한 것일까?

토론 내용 개혁은 제도나 문화 등을 더 나은 방향으로 새롭게 고쳐나가는 것을 말한다. 공민왕은 밖으로는 원나라 지배로부터 벗어나고 안으로는 권문세족을 약화시켜 고려를 재건하고자 했다.

 1. 실패한 것이다.

개혁은 당시 사회가 안고 있던 문제를 해결하고 나아가야 하는데, 공민왕은 권문세족에 밀려 제대로 한 것이 없다. 의욕만 앞섰고 개혁 대상인 권문세족을 넘어서지 못했다.

 2. 아니다. 어느 정도는 성공한 것이다.

원나라 지배로부터 벗어나기 위해 여러 제도를 바꾸고, 전민변정도감을 설치해 권문세족을 약화시키고, 백성들 삶을 안정시킨 것만으로도 성공이라고 볼 수 있다. 시도조차 없었다면 당시 문제가 무엇인지 짚어보지도 못했을 것이다. 결과를 떠나서 문제를 해결하려는 시도를 했기 때문에 나중에라도 그 문제를 해결할 수 있었다.

 3. 그래도 실패한 것이다.

짧은 기간 동안 진행되기는 했지만 공민왕이 죽고 개혁이 중단되면서 오히려 개혁 대상이었던 권문세족 힘만 더 키워주었다. 백성은 더 힘들어졌고 개혁을 위해 등용했던 인물도 모두 제거당했다. 지지 기반이 확고하지 않은 상황에서 측근만 믿고 무리하게 진행했다.

 4. 아무리 그래도 어느 정도는 성공한 것이다.

개혁에 가장 크게 반발했던 권문세족은 개혁을 저지하는 데에 성공했지만, 결국은 모든 것을 다 잃었다. 당시 사회가 안고 있는 문제점을 드러냄으로써 이를 해결할 수 있는 바탕을 만들어 놓은 것이 공민왕 개혁에 담긴 가장 큰 의미다. 곧바로 결과를 만들어내야만 성공한 개혁이라고 할 수는 없다.

토론하기 공민왕이 추진한 개혁은 성공한 것일까요? 자기 생각을 밝히고, 그 까닭을 써 보세요.

학습 내용 | 정해진 답은 없습니다. 자기 생각을 자유롭게 쓰세요.

● 고려 말 공민왕이 실시한 개혁에 맞추어 새롭게 시도되었던 제도가 모두 원하는 바대로 성과를 내지 못했습니다. 오늘날에도 좋은 취지로 출발했지만 성과를 내는 데에 어려움을 겪는 정책에 대해 생각해 봅시다.

> 지난 1999년부터 학생이 학습 과제를 수행하는 과정을 교사가 관찰해 학습 능력을 판단하는 평가 방식인 수행 평가가 도입됐다. 목표는 자기 주도 학습 능력 향상과 창의적 인재 육성이었다. 하지만 시행한 지 20여 년이 된 현재까지도 교사는 문제 출제와 채점에 어려움을 호소하고 있고, 학생은 시간이 부족하고 문제가 어렵다고 불만을 드러내고 있다. 또 조별 수행 평가인 경우에는 시간 맞추기와 역할 분담에도 어려움이 있다고 한다. 학부모 역시 결과 위주 평가에 문제를 제기하며 만족하지 못하고 있는 상황이다.
>
> 경향신문이 실시한 수행 평가와 관련한 설문조사에 의하면 인터넷을 이용해 수행 평가 과제를 하는 초등학생은 80% 이상, 중학생은 90% 이상에 이르렀다. 그리고 수행 평가 불만 내용으로는 초등학생은 '시간이 부족하다(39%), 주제가 적합하지 않다(15%)' 순이었으며, 중학생은 '학업과 진학에 도움이 되지 않는다(33%), 시간이 부족하다(29%), 채점이 공정하지 않다(22%)' 등을 큰 불만으로 제시했다.

생각열기 **1.** 수행 평가에서 문제점은 무엇일까요?

2. 좋은 취지에서 출발한 수행 평가가 제대로 자리 잡지 못하는 까닭은 무엇일까요?

09 고려 말 혼란과 신진 사대부 성장

역사 연대기

1359년 | 홍건적이 고려를 침입함
1375년 | 왜구 침략을 최영과 이성계가 막아냄
1377년 | 화통도감이 세워짐
1380년 | 최무선이 진포 대첩, 이성계가 황산 대첩으로 왜구를 물리침

학습 목표

❶ 권문세족과 신진 사대부를 비교해 파악할 수 있다.
❷ 고려 말 왜구로 인한 피해를 파악할 수 있다.
❸ 최무선, 이성계, 최영을 알 수 있다.
❹ 신진 사대부의 성장과 분열 과정을 이해할 수 있다.

교과 연계

초등사회 5-2 · **1. 옛사람들의 삶과 문화** _ (2) 독창적 문화를 발전시킨 고려
중등역사 2(비상) · **Ⅲ. 고려의 성립과 변천** _ (3) 몽골의 간섭과 고려의 개혁
중등역사 2(미래엔) · **Ⅲ. 고려의 성립과 변천** _ (3) 몽골의 간섭과 고려의 개혁
중등역사 2(천재) · **Ⅲ. 고려의 성립과 변천** _ (3) 몽골의 간섭과 고려의 개혁

◀ 홍건적과 왜구 침입

탐구 1 ㆍ 권문세족과 신진 사대부

응방(鷹坊) 매를 잡거나 기르기 위한 관청이다. 매를 이용한 사냥은 수렵과 목축을 하는 북방 민족과 중국에서 오래전부터 해왔다. 매사냥을 좋아하는 몽골 사람들에게 매는 중요한 재산이었다.

권문세족은 고려 후기 지배층으로 고려 전기부터 이어져 내려온 문벌 귀족 후손, 무신 정권 후손 등도 있지만 대부분 원나라 세력을 등에 업고 권력을 잡은 친원파 세력이었다. 몽골어 통역관, 매를 길러 원에 바치는 응방 출신, 일본 원정에 앞장 선 군인, 원나라 황실과 관계를 맺은 관리, 왕이 원나라 수도 연경에 머물 때 보좌했던 사람 등이 대표적이다.

과거 시험보다는 음서를 통해 관직에 나갔으며, 권력을 마구 휘둘러 토지를 빼앗고 양민을 노비로 삼았다. 또 권문세족 집안끼리 결혼을 통해 권력을 이어갔으며, 많은 노비를 거느리고 대농장을 가지고 있으면서도 세금을 내지 않아 나라 살림을 어렵게 만들었다. 권문세족이 권력을 독차지하고 대농장과 많은 노비를 소유하자 나라에 세금을 내야 할 양민이 줄어들고, 나라 재정도 힘들어졌다.

그러자 권문세족을 비판하는 새로운 정치 세력인 신진 사대부가 등장했다. 하급 관리, 지방 향리 출신이거나 지방에 사는 중소지주 집안 출신으로 성리학을 공부했고, 과거를 통해 관직에 진출한 사람이다. 원나라에 반대해 일어난 한족이 세운 명나라와 친하게 지내야 한다고 주장했으며, 부패한 불교 세력과 권문세족을 비판하며 고려를 개혁하려고 했다.

공민왕이 개혁 정책을 추진할 때 적극 참여하여 중앙 정계에 많이 진출했고, 세력을 키웠다. 공민왕도 신진 사대부가 공부할 수 있도록 성균관을 더 크게 만들고, 이들을 중용하면서 힘을 키울 수 있도록 뒷받침해 주었다. 이색, 정몽주, 정도전, 조준 등이 신진 사대부를 이끌었다.

친명 세력이었던 신진 사대부는 요동 정벌을 반대해, 신흥 무인 세력인 이성계와 손을 잡고 위화도 회군으로 권력을 잡았다. 하지만 개혁 방향을 놓고 고려를 유지한 채 개혁을 진행하자는 온건파 정몽주 세력과 이성계를 왕으로 세워 새로운 나라를 만들자는 급진파 정도전 세력으로 나뉘었다.

탐구하기 권문세족과 신진 사대부는 어떤 차이가 있었는지 빈칸을 채우세요.

	권문세족	신진 사대부
정계 진출	음서	( )
경　　제	( )	중소지주
성　　향	보수적	개혁적
외　　교	친원파	( )

탐구 2 - 왜구로 인한 피해와 토벌

왜구는 우리나라 해안은 물론 중국 해안까지 다니며 물건을 훔치고 사람을 해치는 일본 해적을 말한다. 신라 문무왕이 동해로 쳐들어오는 왜구를 용이 되어서 막겠다며 바다 속에 무덤을 만들었듯이 삼국 시대부터 우리나라 해안 지방으로 쳐들어오곤 했다.

고려 초까지만 해도 배 두세 척에 나누어 타고 오는 정도로 작은 규모였고, 나타나는 횟수도 얼마 되지 않았으나 고려 말이 되자 세력도 커지고 쳐들어오는 횟수도 점점 많아졌다. 충정왕 때는 2년 동안 11차례였다가 공민왕 때는 115차례로 횟수가 늘어났고, 우왕 때는 378차례나 쳐들어왔다.

이때 일본은 남과 북으로 나뉘어 60년 동안 전쟁을 벌이는 중이었는데, 나라가 혼란에 빠지고 정부 힘이 약해지자 고려와 가까운 쪽 지방 세력이 곡식과 생활에 필요한 물건을 구하기 위해 국방력이 약한 고려로 쳐들어온 것이었다. 전쟁으로 부족해진 식량을 약탈로 해결하려 했기 때문에 주로 노략질해 간 것은 곡식이었다. 처음에는 일본과 가까운 동해나 남해 쪽에만 나타났으나 시간이 지나자 전국에 왜구가 출몰하였다. 우왕 때는 강화도는 물론이고 예성강을 타고 개경 가까이까지 쳐들어와서 수도를 옮겨야 한다는 말까지 나오게 되었다.

왜구로 인한 피해는 조운선이 공격을 받아 곡식을 빼앗기는 것만이 아니었다. 문화재가 약탈당하고 사람이 죽임을 당하거나 노예로 끌려가기도 했다. 넓은 들판이 자리 잡은 서남해안 지역은 피해가 더욱 컸다. 사람이 모두 떠나버려서 아예 아무도 살지 않는 마을이 생기기도 했다. 전라남도에 있는 섬이나 바닷가에는 사람이 살지 않아서 20여 군데나 되는 지방 관청이 자리를 옮겨 가야했다. 왜구 때문에 농사를 지을 수 없으니 세금이 제대로 걷히지 않았고, 그나마 거둔 세금도 중간에 빼앗겨 버리니 나라 살림이 점점 어려워졌다.

그러자 고려 조정은 최무선 건의로 설치한 화통도감에서 만든 화약 무기로 진포 해전에서 왜구를 크게 무찔렀다. 또 1383년에 왜구가 배 120여 척으로 쳐들어오자 정지 장군이 남해 관음포에서 무찌른 다음, 대마도까지 쳐들어가기도 했다. 1389년에는 배 1백여 척을 이끌고 대마도로 간 박위 장군은 왜구 배 3백여 척과 왜구 소굴을 처부수고, 포로로 잡혀가 있던 고려 사람 백여 명을 구출해 돌아왔다. 왜구 침입을 막아내는 데 최영, 이성계 등이 크게 활약하면서 신흥 무인 세력으로 성장했다.

탐구하기   왜구로 인해 어떤 피해가 발생했나요?

탐구 3 ─ 화약을 만들어 왜구를 물리친 최무선

최무선 아버지는 세금으로 거둔 세곡을 보관하는 창고인 광흥창을 관리하는 벼슬을 하고 있었다. 지방에서 세곡을 싣고 올라오는 조운선이 왜구로부터 공격을 받아 곡식을 빼앗기거나 불에 타버려 안타까워하는 아버지를 보고 왜구를 무찌를 강력한 무기가 필요하다는 것을 깨달았다. 최무선은 배를 타고 쳐들어오는 왜구를 물리치기 위해서는 화약을 이용한 무기를 만들어야 한다고 생각했다. 그래서 우리나라에서 대대로 전해오던 방법으로 화약을 만들어 보았으나 계속 실패했다.

중국에서 화약을 만들었지만 방법을 철저하게 비밀로 하고 있었다. 최무선은 어느 날 화약 만드는 법을 알고 있는 원나라 사람, 이원을 설득해 집에 머물게 하면서 화약 만드는 법을 배웠다. 배운 제조법으로 여러 가지 실험을 해 본 최무선은 화약을 더 연구하고 화약 무기를 만들기 위해서 나라에 관청을 만들어 달라고 했다. 1377년 '화통도감'이 세워지자 여러 종류로 화약을 만들고 화포도 많이 만들었다. 화포를 설치해서 쏘아도 부서지거나 넘어지지 않는 배인 함선도 만들었다.

1380년 아지발도가 이끄는 왜구 2만여 명이 배 5백여 척에 나누어 타고 쳐들어왔다. 진포(군산)에 상륙한 왜구는 내륙까지 휩쓸고 다니며 물건을 빼앗고 사람을 해쳤다. 고려 조정은 최무선을 부원수로 삼아서 토벌 명령을 내렸다. 함선 80척에 나누어 탄 고려군은 정박해 있는 왜구 배를 향해 함포를 쏘아 5백여 척을 모두 침몰시켰다.

함포(艦砲) 군함에 장비한 화포

이 전투를 '진포 대첩'이라고 부른다. 진포 대첩은 배에 화포를 장착해 전투를 벌인 세계 최초 해전이다. 유럽에서 베네치아, 제노바, 에스파냐 연합 함대가 투르크 함대를 무찌른 레판토 해전이 1571년에 일어났으므로 진포 대첩보다 190년이나 늦은 것이다.

진포 대첩으로 배를 잃고 육지를 통해 남쪽으로 가던 왜구를 이성계가 지리산 아래 남원 운봉에서 모두 무찔렀다. 이 전투를 '황산 대첩'이라고 한다.

● 탐구하기 화약과 화약을 이용한 무기를 연구하기 위해 최무선이 건의해서 세운 관청은 무엇인가요?

해석 1 ─ 신진 사대부가 새로운 정치 세력으로 성장할 수 있었던 까닭은?

무신 정권이 무너지고 원나라 간섭기가 되면서 권문세족이 지배 세력으로 자리 잡았다. 80여 년 동안 이어진 원나라 간섭기에 힘을 키운 권문세족에 대항해 새롭게 등장한 세력이 신진 사대부이다. 신진 사대부가 권문세족을 누르고 성장할 수 있었던 까닭은 무엇일까?

💡 첫째, 원나라가 약해지자 권문세족도 약해졌기 때문이다.

14세기 중반 원나라 힘이 약해지고 지배를 받던 한족이 난을 일으켜 중국은 혼란해졌다. 난을 일으킨 한족 가운데 홍건적 무리는 여러 곳에서 전투를 벌여 원나라를 더욱 약화시켰다. 한족이 세운 명나라가 점차 세력을 키워 몽골족을 북쪽으로 쫓아냈다. 원나라가 쇠퇴하자 권문세족이 약해지고 명나라와 가까운 신진 사대부가 힘을 얻게 되었다.

💡 둘째, 권문세족이 부정부패와 횡포를 심하게 부렸기 때문이다.

고려 말 권문세족이 정치·경제면에서 모든 특권을 차지하고 횡포를 부리면서 백성들 삶은 점점 어려워졌다. 권력을 등에 업고 땅을 빼앗아 대농장을 소유하고 백성을 노비로 만든 권문세족은 지지를 받지 못했다.

💡 셋째, 신흥 무인 세력과 힘을 합쳤기 때문이다.

신흥 무인 세력은 홍건적을 막아내고, 왜구를 토벌하면서 세력을 키웠다. 최영과 이성계를 비롯한 신흥 무인 세력은 여러 차례에 걸쳐 왜구와 홍건적 침입을 막아내면서 백성에게 인기가 높았다. 이들과 힘을 합친 신진 사대부도 백성에게 지지를 받았다.

신진 사대부는 안으로는 권문세족이 부리는 횡포를 막으면서 백성으로부터 지지를 얻었고, 밖으로는 몰락해 가는 원나라와 관계를 끊고 떠오르는 명나라와 친하게 지내 나라를 안정시키려 했다. 또한 홍건적과 왜구 침입을 막아내 인기를 얻은 신흥 무인 세력과 힘을 합치면서 새로운 정치 세력으로 자리를 잡았다.

> **해석하기** 신진 사대부가 새로운 정치 세력으로 성장할 수 있었던 까닭은 무엇인가요?

해석2 ☞ 화통도감은 왜 폐지되었나?

화약은 최무선이 스스로 깨우쳐서 발명한 것이 아니다. 원나라 사람에게 화약 만드는 법을 배워서 만들기에 성공했다. 그러나 우리나라에서 나는 재료를 이용해서 스스로 화약을 만들수 있게 되었다는 것은 발명보다 더 큰 가치가 있다. 또 아들인 최해산에게까지 이어져 화약도여러 종류를 만들고 여러 가지 화포도 만들었다. 이렇게 발명된 화약과 화포는 고려 말에 왜구를 무찌르는 데에 쓰인 것은 물론 200년 뒤에 일어난 임진왜란에서도 크게 위력을 발휘해 여러 전투에서 일본군을 무찌르는 무기가 되었다. 이순신 함대가 펼친 학익진을 비롯한 여러 전술은 화약과 함포를 활용한 것이며, 행주 대첩에서 권율이 이끄는 조선군과 백성이 3만 명이나 되는 일본군을 막아낸 것도 화포를 비롯한 여러 화약 무기를 활용한 덕분이었다.

그런데 화약과 화포를 만든 화통도감은 1388년 폐지되고 군기감에 합쳐졌다. 그 까닭은 이성계가 위화도 회군으로 권력을 차지했기 때문이다. 이성계는 화약 무기가 퍼지는 것을 막고자신처럼 무력으로 반란을 일으키는 사람이 나타나지 않게 하려고 지방 세력이 거느리고 있던 사병을 없애는 정책을 폈다.

그러나 중앙 정부가 모든 군사를 손아귀에 쥐고 통제할 수는 없었다. 그래서 군인 수를 줄이고 무기 수준을 낮추려고 했다. 군사력을 일부러 줄인 것이었다. 군사력이 줄어들자 안에서 일어나는 반란은 피할 수 있었으나, 나라 밖에서 쳐들어오는 적을 막을 수는 없었다.

화통도감이 없어지자 최무선은 벼슬을 버리고 연구를 정리하는 일에만 몰두했다. 조선이 건국되고 3년 뒤인 1395년 3월에 최무선이 세상을 떠나자 아들인 최해산은 아버지가 남긴 《화약수련법》을 계속 연구했다. 또 태종이 왕위에 오른 해부터 세종 10년까지 30년간 군기사(軍器司)에서 각종 무기를 만들었다. 아버지가 만든 화약 제조 방법을 더욱 개량하고 발전시켜 여러 가지 재료를 이용한 제조 방법도 개발했다.

이성계는 화통도감을 없앴지만 그의 아들까지 이어진 최무선의 화약 연구는 화약과 무기 만드는 법을 발전시켜 조선을 지키는 데에 큰 공헌을 했다.

> **해석하기** 이성계가 화통도감을 폐지한 까닭은 무엇인가요?

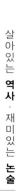

역사 토론

📍 정몽주와 정도전, 누가 더 옳았을까?

토론 내용　고려 말 나라 안팎으로 혼란이 커져 백성이 살기 어려워지자 새롭게 힘을 키운 신진 사대부는 개혁을 추진했다. 하지만 개혁 방향을 두고 고려를 유지하자는 온건파 정몽주 세력과 새로운 나라를 세우자는 급진파 정도전 세력으로 나뉘어졌다.

 1. 정몽주가 옳았다.

　신진 사대부는 성리학을 공부한 학자이자 관리이다. 개혁을 추진하더라도 성리학에서 중요시하는 '충신불사이군', 충성스러운 신하는 두 임금을 섬기지 않는다는 뜻을 따르는 것이 맞다.

 2. 아니다. 정도전이 옳았다.

　고려는 이미 기울었고, 백성은 더 이상 고려를 따르려고 하지 않았다. 고려를 유지한 채 개혁을 진행하는 것은 백성에게 지지를 얻지 못해 성공할 수 없다.

 3. 그래도 정몽주가 옳았다.

　새로운 나라를 세우는 것은 왕조가 바뀌는 것이다. 왕권을 차지하려는 세력과 놓지 않으려는 세력 사이에 큰 싸움이 일어날 수밖에 없다. 한꺼번에 모든 것이 바뀌는 것은 많은 사람이 죽고 큰 혼란이 생겨 백성을 더 힘들게 만드는 일이다.

 4. 아무리 그래도 정도전이 옳았다.

　나라를 망치고 백성을 힘들게 만들었으면 책임을 져야 한다. 고려 왕실은 나라를 제대로 다스릴 능력도 힘도 없었다. 고려를 유지한다는 것은 왕실도 이어간다는 것인데, 왕실을 그대로 둔 채로는 개혁이 제대로 될 수 없다.

토론하기　정몽주와 정도전, 누가 더 옳았을까요? 자기 생각을 밝히고, 그 까닭을 쓰세요.

➲ 우리나라를 둘러싼 군비 경쟁이 평화 경쟁으로 바뀐 것에 대해서 생각해 봅시다.

평화 시대를 연 평창 동계올림픽

김일성과 김정일을 이어 김정은이 최고 권력자 자리에 오른 북한은 잇달아 미사일 발사 시험을 하고 핵무기 실험을 했다. 미국과 일본은 북한을 비난하는 성명을 냈다. 미국 트럼프 대통령은 김정은을 '작은 로켓맨'이라고 조롱했고, 일본은 북한 미사일을 요격하겠다고 큰소리를 치기도 했다. 북한도 지지 않고 트럼프 대통령을 '늙다리 미치광이'라며 맞섰다. 국제 사회도 북한을 압박했고, 한반도를 둘러싼 군비 경쟁이 치열해졌다.

그러자 2018년 2월에 열리는 평창 동계올림픽에 참가하지 않겠다는 선수도 있고, 개막식에 오지 않겠다는 외국 사절도 많아졌다. 평창에서 북쪽으로 50마일 밖에 안 떨어진 휴전선 너머에 핵무기가 있다며 전쟁 공포를 퍼트렸다. 올림픽이 실패할 것이라는 불안도 커졌다.

그러나 촛불 혁명으로 들어선 문재인 정부가 둘레 나라는 물론 북한과도 대화로 외교를 풀어가자 북한이 올림픽 참가는 물론이고 아이스하키 단일팀까지 만들자고 제안했다. 북한이 참가한다고 했으니 전쟁이 나지 않을 것이라며 국제 사회는 평화 분위기로 돌아섰다. 북한 고위급 관리가 개막식에 참석하자 오지 않겠다던 일본 아베 수상이 직접 왔고, 미국 트럼프 대통령도 딸을 보냈다. 중국과 러시아를 비롯해 한반도를 둘러싼 나라 지도자가 한 자리에 모이게 되자 평화 경쟁으로 변했다. 올림픽을 기념해 북한에서 공연단과 태권도 시범단이 오고 우리 예술단도 평양에서 공연을 했다. 군비 경쟁과 전쟁 불안은 사라지고 치열한 외교전이 벌어지기 시작해 남북 정상 회담을 비롯해 평화로 가는 각국 정상 회담으로 이어졌다.

군비 경쟁과 전쟁 공포 시대에서 평화 경쟁 시대를 연 평창 동계올림픽은 전쟁과 폭력을 멈추고 평화와 사랑을 꽃피운다는 정신이 더욱 빛난 올림픽이었다.

✄ **생각열기** 정상 회담과 남북 교류로 찾아온 한반도 평화를 이어가는 방법은 어떤 것들이 있을까요?

새로운 나라, 조선이 세워지다

학습 목표

❶ 이성계가 군대를 돌린 위화도 회군을 이해할 수 있다.
❷ 정도전과 이방원이 주장한 정치관을 비교할 수 있다.
❸ 고려와는 다른 조선을 파악할 수 있다.
❹ 왕권 정치와 신권 정치의 장단점을 파악할 수 있다.

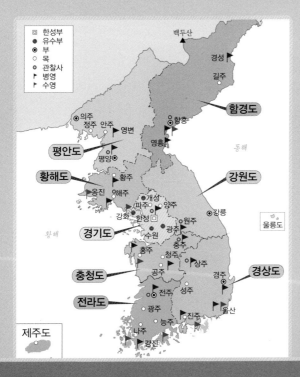

◀ 조선 8도

탐구 1 ● 고려 말 두 명장, 최영과 이성계

황금은
돌과 같다!

　최영은 명문 집안인 철원 최씨였으나 선조들이 관직에 나가지 못했다. 음서로 벼슬에 나갈 수 없으니 과거를 보아 벼슬길에 나가야 했지만, 열여섯 되던 해 아버지마저 세상을 떠나자 공부를 할 수도 없는 형편이 되었다. 문신이 되지 못한 최영은 뛰어난 무예 실력으로 무신이 되었다. 아버지가 남긴 '황금 보기를 돌같이 하라.'는 말을 받들어 언제나 몸가짐을 바르게 했다.

　14세기 중반이 되자 원나라는 힘이 약해졌고, 한족이 곳곳에서 반란을 일으켰다. 그 가운데에서도 붉은 두건을 머리에 두른 홍건적은 큰 세력이 되었다. 1359년 원나라 토벌에 밀린 홍건적 4만 명이 고려에 쳐들어왔고, 1361년에는 10만 명이 쳐들어와 개경이 함락당하고 공민왕은 안동으로 피란을 가야 했다. 이때 개경을 되찾는 데에 큰 공을 세운 최영은 왜구를 무찌르는 데에도 잇달아 공을 세우면서 백성들 신망을 얻었다.

　이성계는 전주에 살다가 함경도 지방으로 옮겨가 세력을 키운 집안 출신으로, 아버지 이자춘은 원나라가 세운 쌍성총관부 다루가치가 되었다. 하지만 공민왕이 쌍성총관부를 공격하자 고려 편에 서서 공민왕으로부터 신임을 얻어 중앙 귀족이 되었다. 이때 이성계도 아버지를 따라 개경으로 와 '황산 대첩' 등에서 왜구를 무찌르는 데에 공을 세워 높은 벼슬에 올랐다.

　원나라를 몰아내고 중국 땅을 차지한 명나라가 쌍성총관부가 있던 동북면에 명나라 행정 구역인 철령위를 설치해 자기 땅으로 삼으려 하자 우왕과 최영은 이성계에게 요동 정벌을 명했다. 그러나 이성계는 군대를 돌리는 '위화도 회군'으로 우왕을 몰아내고 최영을 귀양 보냈다. 최영은 이성계에 의해 귀양을 간 다음, 사형을 당했다. 이성계는 신진 사대부와 손을 잡고 개혁을 추진하면서 조선을 건국했다.

　최영과 이성계는 뛰어난 장군으로 홍건적과 왜구를 무찌르며 신흥 무인 세력으로 성장했으나 중국이 원나라에서 명나라로 바뀌는 과정에서 요동 정벌을 두고 선택을 달리해 갈라서게 되었다.

　● 탐구하기　이성계가 왜구를 물리친 전투는 무엇인가요?

탐구 2 ∙ 위화도 회군

1387년 명나라가 쌍성총관부 자리에 철령위를 세워 직접 다스리겠다고 했다. 고려가 북쪽으로 쫓겨 간 원나라와 오가는 것을 막으려는 것이었다. 최영은 크게 분노해 이 기회에 명나라가 차지하고 있는 요동까지 되찾아야 한다고 주장했다. 친원파와 친명파는 요동 정벌을 놓고 대립했다.

친명파인 이성계도 4불가론을 내세우며 반대했으나, 이듬해 4월 우왕과 최영은 이성계에게 요동 정벌을 명했다.

[4불가론] 첫째, 작은 나라가 큰 나라를 거스르는 것은 불가하고,

둘째, 여름철에 군사를 일으키는 것이 불가하며,

셋째, 모든 군사가 싸우러 나가면 왜구가 그 틈을 노려 쳐들어 올 것이니 불가하며,

넷째, 지금은 장마철이라 활에 먹인 아교가 풀리고 군사들이 전염병에 걸릴 염려가 있어 불가하다.

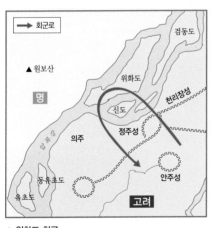

▲ 위화도 회군

이성계는 군사 5만을 이끌고 서경을 출발해 압록강 하구에 있는 위화도에 도착했다. 최영과 우왕은 서경에 머물며 이성계에게 압록강을 건너 요동으로 진격하라고 거듭 촉구했다. 이성계를 따르는 장수들은 요동 정벌에 성공하면 최영에게 공이 돌아갈 것이고, 실패하면 벌을 받을 것이라며 군사를 돌리자고 했다. 위화도에 도착한지 보름 만에 회군을 결정했다.

이성계가 반란을 일으켰다는 소식을 들은 우왕과 최영은 개경으로 돌아가 군사를 모았으나 1천여 명에 불과해 막아낼 수가 없었다. 우왕은 폐위되어 강화 교동도로 유배를 갔고, 최영은 고봉(고양)을 비롯한 여러 곳으로 유배되었다가 개경에서 처형되었다. 창왕을 새로 세운 이성계는 모든 권력을 손에 쥐었다. 신진 사대부는 정몽주를 중심으로 고려를 유지하면서 내부 개혁을 하자는 온건파와 정도전을 중심으로 고려를 없애고 새로운 나라를 세우자는 급진파로 나뉘었다.

○ 탐구하기 이성계가 위화도에서 회군을 한 까닭은 무엇인가요?

탐구 3 ─ 정도전과 이방원

> **책봉(册封)** 왕세자, 왕세손, 왕후, 비(妃), 빈(嬪), 부마 등을 봉작(封爵)하던 일

조선이 건국될 때 태조 이성계는 나이가 예순에 가까웠기 때문에 세자 책봉를 서둘러야만 했다. 첫 부인인 신의 왕후 한씨는 조선을 세우기 전에 세상을 떠났고, 둘째 부인인 신덕 왕후 강씨가 왕비였다.

왕자는 신의 왕후 한씨 소생인 방우, 방과(정종), 방의, 방간, 방원(태종), 방연과 신덕 왕후 강씨 소생인 방번, 방석이 있었다.

신덕 왕후는 조선을 개국할 때 많은 도움을 주었기 때문에 이성계가 가장 믿는 사람이었다. 신덕 왕후는 자기 아들인 방석을 세자로 책봉하려 했고, 정도전도 방석을 지지했다. 그러자 이성계도 방석을 세자에 책봉했다. 그러자 신의 왕후 소생인 왕자들은 건국에 아무런 공도 없는 방석이 왕위를 잇는 것에 대해 큰 불만을 품었다. 조선 건국에 공이 컸던 방원은 정도전에 대한 반감이 극에 달했다.

조선 건국에 가장 큰 공을 세운 인물은 정도전과 이방원이었으나 정치에 대한 생각은 서로 달랐다. 정도전은 어진 재상이 정치를 이끌어야 나라가 바로 선다고 생각했다. 하지만 이방원은 강력한 왕이 나라를 다스려야만 안정되고 강한 나라를 만들 수 있다고 믿었다.

그래서 정도전은 영특한 방석을 왕위에 올려 신권 정치를 펴려했고, 이방원을 비롯한 신의 왕후 소생 왕자들은 크게 반발했다.

정도전은 불만을 품은 왕자와 공신들을 누르기 위해 거느리고 있는 사병을 정부군에 편입시켜 힘을 약화시키려고 했다. 이에 위기를 느낀 이방원과 왕자들은 난을 일으켜 정도전, 조준, 남은 등 개국 공신 세력과 방석, 방번을 제거했다. 이를 '1차 왕자의 난'이라고 한다. 권력을 잡은 이방원은 둘째 형인 방과를 왕위에 올리고 권력을 장악했다.

> **탐구하기**
>
> **1. 정도전과 이방원이 생각하는 정치는 어떻게 달랐나요?**
>
> 정도전은 (　　　　　)이 중심이 되어 나라 정치를 이끌어 가야한다고 생각했지만,
>
> 이방원은 (　　　　　)을 중심으로 나라를 다스려야 부강한 나라를 만들 수 있다고 믿었다.
>
> **2. 이방원이 정도전 세력을 제거한 까닭은 무엇인가요?**

해석 1 ─ 고려에서 조선으로 바뀌면서 무엇이 달라졌을까?

조선은 신흥 무인 세력과 신진 사대부에 의해 건국되었다. 나라 이름은 고조선을 이어받는다는 뜻으로 '조선'이라고 했다. 이러한 조선은 고려와 완전히 다른 나라였다.

💡 첫째, 불교 국가에서 유교 국가로 바뀌었다.

성인식, 결혼식, 장례식, 제사를 뜻하는 관혼상제에 대한 절차가 유교식으로 바뀌었다. 마을에 있던 절은 산속으로 쫓겨 갔고, 승려는 평민보다 못한 신분으로 천대를 받게 되었다.

💡 둘째, 명나라를 섬겼다.

고려 지배 세력은 친원 세력이었으나, 조선 건국 세력은 원나라를 몰아낸 명나라를 섬기는 친명 세력이었다. 명나라는 배울 것이 많은 나라로 생각하고 친선 관계를 유지했지만, 여진이나 일본 등은 조선보다 못한 나라로 낮추어 보았다.

💡 셋째, 양반 관료 사회였다.

조선은 과거 시험을 통해 관리를 등용하는 관료제 사회였다. 고려에도 과거제가 있었으나 음서를 통해 5품 이상 고위 관료 자제를 관리로 많이 뽑았다. 그러나 조선에서 음서는 극히 일부에 불과했다. 또 승려를 뽑는 승과를 없애고 제대로 시행하지 않았던 무과도 시행했다. 문신인 문반과 무신인 무반을 합쳐 '양반'이라고 부른다.

💡 넷째, 전국을 8도로 나누었다.

고려는 전국을 5도 양계, 경기로 나누어 다스렸으나, 조선은 함경도·평안도·황해도·강원도·경기도·충청도·전라도·경상도, 이렇게 8도로 나누었다. 또 고려는 지방관이 파견된 주현보다 파견되지 않은 속현이 많았으나, 조선은 전국에 지방관을 파견했다. 이 밖에 특수 행정 구역인 향·부곡·소도 없어졌다.

> **해석하기** 조선이 고려와 비교해 달라진 점은 무엇인가요?

해석 2 ─ 정도전이 꿈꾼 조선

  정도전은 고려 말에 벌어진 혼란을 수습하기 위해 백성을 중심으로 하는 국가를 건설하려 했고 성리학을 바탕으로 올바른 도덕 정치를 펴려 했다.

> • **성리학** 중국 송나라와 명나라 때 학자들에 의해 정립된 학설
> • **삼강(三綱)**
> 군위신강(君爲臣綱): 임금과 신하 ┐ 사이에
> 부위자강(父爲子綱): 어버이와 자식 ┤ 지켜야
> 부위부강(夫爲婦綱): 남편과 아내 ┘ 할 도리
> • **오륜(五倫)**
> ─부자유친(父子有親): 부모는 자녀에게 인자하고 자녀는 부모에게 섬김을 다한다.
> ─군신유의(君臣有義): 임금과 신하의 도리는 의리에 있다.
> ─부부유별(夫婦有別): 남편과 아내는 분별 있게 각자 본분을 다한다.
> ─장유유서(長幼有序): 어른과 어린이 사이에는 차례와 질서가 있어야 한다.
> ─붕우유신(朋友有信): 친구 사이에는 신의가 있어야 한다.

첫째, 사회 안정을 중요시했다.

사회가 안정되기 위해서는 신분 질서가 중요하다고 여겼다. 임금과 신하, 백성들이 지켜야 할 도리로 삼강오륜에 따라 자기 본분을 잘 지키면 사회 질서가 확립된다고 생각했다.

둘째, 불교를 배척했다.

불교는 본분을 저버리고 경제적 이익을 취하는 데 정신이 없었고, 승려들은 백성들 마음을 어루만지기는커녕 백성을 쥐어짜기만 했다고 여겼다.

셋째, 중앙 집권 통치 체제를 만들었다.

백성을 보호하기 위해 지방 세력이 마음대로 다스리지 못하게 하고, 중앙 정부에서 보낸 관리가 다스리는 중앙 집권 체제를 만들었다. 임금이 나라 주인으로서 땅과 백성을 지배하며, 나라는 신하인 재상이 다스리는 재상 중심 국가를 세우려 했다. 또 나라를 다스리는 사람이 부정을 저지르는 것을 막고 좋은 정치를 펼 수 있도록 감찰과 언론을 강화했다.

넷째, 민본 정치를 펴려고 했다.

나라를 다스리는 근본은 백성을 어진 마음으로 다스리는 인정(仁政)과 덕으로 다스리는 덕치(德治)를 합친 민본 정치라고 했다. 죄지은 사람에게 벌을 주는 형벌은 단지 정치를 보조하는 수단일 뿐이며, 형벌로 공포감을 주어서 따르게 하는 것은 좋은 정치가 아니라고 했다.

해석하기 정도전이 고려 말에 벌어진 혼란을 수습하기 위해 하려던 일은 무엇인가요?

역사 토론

왕권 정치와 신권 정치 가운데 어떤 정치가 더 백성을 위한 것인가?

토론 내용   조선이 세워진 뒤 정도전은 재상을 중심으로 하는 신권 정치를 꿈꾸었고, 이방원은 국왕을 중심으로 하는 왕권 정치를 꿈꾸었다. 이런 까닭으로 정도전과 이방원은 크게 대립했다.

1. 왕권 정치다.

국왕을 중심으로 한 강력한 왕권 정치를 펼쳐야 한다. 왕권이 강하지 못하면 신하마다 의견이 갈라져 혼란스러울 수 있고, 정책을 시행하는 데에 시간이 많이 걸린다.

2. 아니다. 신권 정치다.

재상을 중심으로 한 신권 정치를 펼쳐야 한다. 왕 혼자서 결정하는 것보다는 여러 사람이 토론을 통해 정책을 만들어 내야 올바른 정치가 이루어진다.

3. 그래도 왕권 정치다.

고려 말 왕권이 약했기 때문에 신하인 권문세족이 나라를 혼란스럽게 했다. 백성들 삶은 더 힘들어졌고, 결국 고려는 멸망하고 말았다. 정도전 세력이 어린 방석을 세자로 세우고 나라를 쥐고 흔들자 고려 말처럼 혼란에 빠질 위기에 처했다. 그래서 이방원이 왕자의 난을 일으켜 왕권을 세운 것이다.

4. 아무리 그래도 신권 정치다.

무능한 사람이 왕이 되자 고려가 혼란에 빠졌다. 이성계가 위화도 회군에 성공한 것도, 고려를 개혁하고 조선을 세운 것도 정도전을 중심으로 한 신진 사대부가 도왔기 때문이다. 현명한 신하가 없다면 아무리 힘 있는 왕이라도 나라를 제대로 다스릴 수 없다.

토론하기   왕권 정치와 신권 정치 가운데 백성을 위한 정치는 어떤 것일까요? 자기 생각을 밝히고, 그 까닭을 쓰세요.

◐ 다음 글을 읽고, 물음에 대한 자기 생각을 써 봅시다.

좌익(左翼)과 우익(右翼)

　프랑스 혁명으로 1792년에 공화정을 수립한 국민 공회는 루이 16세를 처형하는 문제를 놓고 찬반으로 나뉘었다. 소시민층과 민중을 지지 기반으로 하는 급진 성향인 자코뱅 당은 처형에 찬성했고, 자본가 출신으로 온건한 성향인 지롱드 당은 반대했다. 이때 의회에서 의장석을 중심으로 자코뱅 당은 왼쪽에, 지롱드 당은 오른쪽에 앉았는데, 여기서 좌익과 우익이라는 말이 생겨났다.

　흔히 자본주의와 시장 경제를 신봉하는 이념을 우익이라 부르고, 공산주의와 사회주의 경제를 신봉하는 이념을 좌익이라고 부르기도 한다. 또 보수적이고 점진적인 세력을 우익이라고 부르고, 혁신적이고 급진적인 세력을 좌익이라고도 부른다.

　요즘 우리나라에서는 우익을 보수, 좌익을 진보라고도 한다. 현재 상황을 유지하면서 점진적으로 바꾸어 나가려는 보수는 현재 상황을 급진적으로 바꾸려는 진보와 서로 충돌하기도 한다.

　사회는 진보만 있어서도 보수만 있어서도 안 된다. '새는 좌우 두 날개로 난다.'라는 말이 있듯이, 좌익과 우익이 함께 공존하면서 둘이 힘을 합쳐야만 발전할 수 있는 것이다.

생각열기　고려를 개혁하는 방법에 대해서 정몽주와 정도전은 입장을 달리했습니다. 정몽주와 정도전 가운데 누가 더 보수적이고 누가 더 진보적인가요, 그렇게 생각하는 까닭은 무엇일까요?

・보수적인 사람:

그렇게 생각하는 까닭:

・진보적인 사람:

그렇게 생각하는 까닭:

11

조선, 나라 틀을 갖추다

역사 연대기

1391년 | 과전법을 제정함
1392년 | 정몽주가 살해되고, 이성계가 왕위에 오름
1394년 | 한양으로 도읍을 정함
1402년 | 태종이 호패법을 실시함

학습 목표

❶ 조선 시대 토지 제도를 파악할 수 있다.
❷ 한양 천도 과정에 나타난 유교 사상을 알 수 있다.
❸ 왕권을 강하게 만든 태종을 알 수 있다.
❹ 시대별로 변화된 토지 제도를 이해할 수 있다.

교과 연계

초등사회 5-2 　　 🖉 1. **옛사람들의 삶과 문화** _ (3) 민족 문화를 지켜 나간 조선
중등역사 2(비상) 　 🖉 Ⅳ. **조선의 성립과 발전** _ (1) 통치 체제와 대외 관계
중등역사 2(미래엔) 🖉 Ⅳ. **조선의 성립과 발전** _ (1) 통치 체제와 대외 관계
중등역사 2(천재) 　 🖉 Ⅳ. **조선의 성립과 발전** _ (1) 통치 체제와 대외 관계

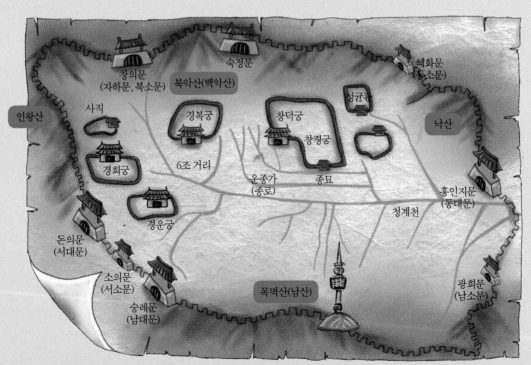

▲ 한양 도성도(사대문과 사소문 및 궁궐)

탐구 1 ─ 조선 시대 토지 제도

고려 시대 토지 제도인 전시과는 관리가 죽으면 지급받은 토지를 나라에 돌려줘야 했다. 그러나 고려 후기 권문세족은 나라에 돌려주지 않고 권력을 이용해 농민에게서 토지를 빼앗거나 헐값에 사들여 토지를 늘렸다.

위화도 회군에 성공해 권력을 잡은 이성계와 신진 사대부는 전시과를 없애고 1391년에 과전법(科田法)을 실시했다. 과전법은 권문세족으로부터 토지를 몰수해 품계에 따라 18과로 나누어 농민이 농사를 짓고 있는 땅에서 세금을 걷을 수 있는 권리인 '수조권(收租權)'을 주는 제도였다.

수조권은 현직 관리뿐만 아니라 퇴직한 관리에게도 지급됐으며, 경기도 땅에만 적용했다. 관리였던 남편이 죽었으나 재혼하지 않은 부인에게는 수신전, 부모가 모두 돌아가시고 어린 자녀만 남은 경우에는 휼양전을 지급했다. 그래서 살아남은 사람이 먹고 살 수 있도록 해 주었다. 또 나라를 세우는 데에 공을 세운 사람에게는 공신전을 주었다.

나라가 안정되면서 해야 할 일이 많아 관청이 늘어나자 관리도 늘어났다. 지급해야 할 토지도 경기도 땅으로는 부족했다. 이 문제를 해결하기 위해서 세조 때는 현직 관리에게만 수조권을 지급한 직전법(職田法)을 시행했다. 그러자 관리들은 현직에 있을 때 재산을 늘리기 위해 무리하게 백성들에게 세금을 거두어들였다. 착취가 심해지자 관리가 직접 세금을 걷는 수조권을 없애고 지방 관청에서 세금을 걷어 관리에게 주는 관수관급제가 성종 때부터 실시되었다. 명종 때부터는 토지를 지급하지 않고 나라에서 급여를 주는 녹봉제가 실시되었다.

○ **탐구하기** **1.** 과전법이 실시되면서 관리들이 급여로 받은 수조권을 행사할 수 있는 땅은 어느 지역이었나요?

2. 조선 시대 토지 제도는 어떤 변화가 있었는지 빈칸을 채우세요.

실시 시기	토지 제도	주요 내용
1391년	과전법	( )
세조	( )	현직 관료에게만 지급
( )	관수관급제	( )
명종	( )	토지 지급 ×, 급여 지급

탐구2 ☞ 유교와 풍수지리를 조화시킨 한양 천도 ▼

이성계는 한양 천도를 결정했다. 한양은 나라 가운데에 자리 잡고 있으며, 땅이 넓고 한강 뱃길을 이용해 전국으로 오갈 수 있는 곳이었다. 1394년 특별 관청인 '신도궁궐조성도감'을 설치해 천도를 추진했다.

▲ 경복궁 근정전(나라의 공식 행사를 진행한 곳)

▲ 숭례문(국보 1호)

북악산을 중심 산으로 삼아 남쪽을 향해 궁궐을 세우고 앞에는 육조 거리를 만들어 관청을 배치했다. 또 유교 풍습에 따라 동쪽에 종묘, 서쪽에는 사직단을 세웠다. 궁궐 이름은 《시경》에 나오는 구절인 '만년에 걸쳐 큰 복을 누리라.'는 뜻으로 '경복(景福)'이라고 정했다. 종묘는 왕과 왕비들 위패와 신주를 모신 왕실 사당이며, 사직단은 임금이 토지신(社, 사)과 곡식신(稷, 직)에게 제사를 지내는 제단이다.

1396년부터는 '도성축조도감'을 만들어 도성을 건설했다. 북쪽에 북악산과 동쪽에 낙산, 남쪽에 목멱산(남산), 서쪽에 인왕산을 이어서 약 18Km에 이르는 성벽을 쌓았다. 성벽을 따라서 사대문과 사소문도 세웠다. 사대문은 유교 덕목인 인(仁), 의(義), 예(禮), 지(智), 신(信)을 따서 동대문을 흥인지문(仁), 서대문을 돈의문(義), 남대문을 숭례문(禮), 북문을 숙정문(智)이라고 했고, 마지막 신은 종각인 보신각(信)에 붙였다. 사소문은 사대문 사이에 세웠는데, 동소문을 혜화문, 서소문을 소의문, 남소문을 광희문, 북소문을 창의문이라고 했다.

궁궐과 사대문은 풍수지리에 따라 세웠다. 경복궁 남쪽에는 관악산 화기를 막기 위해 해태상을 세웠고 불을 태워 올리라는 뜻으로 남대문인 숭례문 현판을 세로로 썼다. 동대문은 낙산이 낮아서 나쁜 기운을 막을 수 없는 한계를 극복하기 위해 옹성을 설치하고 문 이름도 네 글자로 붙였다. 또 북문은 나쁜 기운이 들어오는 방향이라고 해서 대문이라고 부르지 않고 문 위에 누각도 세우지 않았다.

육조 거리와 동대문 사이에는 시장 거리인 운종가를 만들었다. 이렇게 한양은 유교와 풍수지리를 바탕으로 설계된 계획 도시였다.

> ● 탐구하기 사대문과 사소문을 원래 이름으로 써 보세요.

동대문		남대문		서대문		북대문	
동소문		남소문		서소문		북소문	

탐구 3 ● 태종, 왕권을 강하게 만들다

이방원은 '1차 왕자의 난'을 일으켜 세자인 방석을 죽이고 정도전 세력을 제거했다. 그런 다음, 둘째형을 왕위에 올렸다. 왕이 된 정종이 개경으로 다시 도읍을 옮겼으나 넷째 형인 방간이 박포와 함께 '2차 왕자의 난'을 일으켰다. 이방원은 난을 진압하고 모든 권력을 손에 쥐었다. 그러자 정종은 이방원을 세제로 책봉한 다음 양위를 하고 상왕으로 물러났다.

왕위에 오른 태종은 경복궁이 풍수에 맞지 않는다며 경복궁 동쪽에 창덕궁을 새로 짓고 다시 한양으로 도읍을 옮겼다. 태종은 민심을 바로잡고 왕으로서 정통성을 얻기 위해 태조로부터 인정을 받으려고 했다. 그러나 태조는 형제를 죽이고 귀양 보낸 태종을 인정하기 싫어서 함흥에 가 있었는데, 태종이 심부름꾼인 차사를 보내면 돌아오지 않았다. 그래서 심부름을 가서 돌아오지 않는 사람을 '함흥차사'라고 부르는 말이 생겼다.

태종은 왕권을 강화하기 위해 처남들을 역모죄로 죽이고 공신이라도 왕권을 위협하는 사람은 숙청했다. 나아가 의정부 삼정승(영의정, 좌의정, 우의정)이 의논해 나랏일을 결정하는 의정부 서사제를 없애고, 6조(이조, 호조, 예조, 병조, 형조, 공조)에서 직접 왕에게 나랏일을 보고하는 6조 직계제를 만들었다. 왕족과 힘 있는 신하들이 거느리고 있던 사병을 나라 군대에 편입시켜 군사력을 장악했다.

또 세금을 정확하게 거두어 나라 살림을 튼튼히 하기 위해 토지 조사 사업인 '양전'을 시행했다. 그동안에는 세금을 내지 않던 사원전과 공신전에도 세금을 매겼다. 불교를 누르고 유교를 받드는 숭유 억불 정책을 써서 유교 국가 기틀을 다졌다. 백성으로부터 세금과 군역을 정확하게 매기기 위해 가구 수와 인구를 파악하고 관리하는 호패법을 실시했다. 16세 이상 남성에게 신분을 나타내는 호패를 차고 다니도록 했다.

▲ 호패

◯ 탐구하기 **1.** '함흥차사'란 말이 생겨난 유래는 무엇인가요?

2. 조선 시대에 16세 이상 남성이 차고 다니던 것은 무엇인가요?

해석 1 ~ 토지 제도, 시대에 따라 변화하다

땅은 사람이 살아가는 터와 먹거리를 제공해 준다. 그래서 왕은 토지 개혁을 통해 백성을 배불리 먹이고 세금을 걷어 나라를 잘 다스리기 위해 애를 썼다. 특히 고대 중국에서 만든 정전제를 모범으로 삼으려 했으나 현실에서는 실행하기 어려운 제도였다.

정전제 땅을 우물 정(井)자 모양으로 9등분해서 바깥에 여덟 조각은 각각 여덟 집에 나누어 주고, 가운데 한 조각은 공동으로 농사를 지어 세금으로 내는 제도였다.

신라 시대에 관료에게 지급한 녹읍은 토지에서 세금을 거둘 수 있는 수조권과 토지에 딸린 노동력까지 가질 수 있는 특권이 있었다. 녹읍으로 귀족 힘이 커지자 신문왕 때 폐지되고(689), 수조권만 인정한 관료전이 지급되었다. 그러나 귀족이 반발해 경덕왕 때 녹읍이 부활되었다. 토지 제도를 통해 귀족을 누르려는 정책은 실패한 것이다. 녹읍이 부활하자 지방에서 대농장을 소유한 귀족이 많아졌다. 이들은 신라가 왕위 다툼으로 혼란해지자 왕으로부터 지배를 받지 않으려는 호족이 되었다. 호족이 세금을 내지 않자 국가 경제도 위태로워졌다.

고려를 세운 왕건은 '절도있게 수취하라(취민유도).'를 내세우며 수확물에서 10분의 1을 세금으로 내는 십일세(十一稅)를 시행했다. 경종 때는 관료에게 급여를 주기 위해 품계(관품)와 인격(인품)에 따라 농사를 지을 수 있는 전지와 땔감을 구할 수 있는 시지를 주는 전시과를 만들었다. 하지만 무신 정권과 원 간섭기를 거치면서 나라가 혼란에 빠지고 권문세족이 등장해 토지를 독점하면서 고려 시대 토지 제도도 무너졌다.

이후 조선은 고려 말 권문세족이 가지고 있던 땅을 몰수해 관리에게 나누어 주었다. 왕이 관리에게 토지를 나누어 줌으로써 왕권을 강화하고 국가 재정을 튼튼히 할 수 있게 되었다. 조선 시대 토지 제도는 경기도 땅을 전·현직 관리에게 나누어 주는 과전법에서 현직 관리에게만 주는 직전법으로 바뀌었고 관수관급제로도 이어졌다.

이렇듯 토지 제도 개혁을 통해 왕은 중앙 집권 체제를 강화하려 했으나 귀족은 더 많은 땅을 가지려고 했다. 땅을 통해서 권력을 키우고 대대로 부를 이어 가기 위한 것이었다. 하지만 농사를 짓고 세금을 내는 백성은 힘들게 살아야 했다. 토지 제도가 왕이나 귀족 이익만을 위해서 개혁되었기 때문이다. 백성을 무시한 토지 제도 개혁은 몇 번을 해도 성공할 수 없었다.

해석하기 시대에 따라 변화한 토지 제도 개혁이 성공하지 못한 까닭은 무엇인가요?

해석 2 ◦ 천도는 왜 했을까?

새로운 국가를 건설할 때 도읍을 옮기기도 하고, 왕이 새로운 정책을 펴려고 할 때도 천도 논의가 자주 있었다. 이는 단순히 살기 편한 곳으로 옮기려는 것은 아니었다. 천도는 왜 했을까?

- 고구려 유리왕은 자기 정치 세력이 없는 졸본을 떠나 새로운 도읍인 국내성으로 천도했고, 장수왕은 국내성 귀족 세력을 누르고 남진 정책을 원활하게 이어가기 위해 평양으로 도읍을 옮겼다.
- 백제 성왕은 웅진(공주)에서 땅이 비옥하고 물자 유통이 잘되는 사비(부여)로 도읍을 옮겨 국가 경제를 튼튼히 하고, 이를 통해 왕권을 강화했다. 백제 무왕도 사비에서 자기 세력이 많은 익산으로 천도를 추진했다.
- 신라 신문왕은 달구벌(대구)로 천도를 시도했다. 서라벌(경주)이 산으로 둘러싸여 방어에 유리하고 바다에 가까워 수도로 좋은 위치에 있었지만 세력이 커진 귀족에게서 벗어나고 싶어 했다.
- 후고구려를 세운 궁예는 호족 세력을 견제하기 위해 송악에서 철원으로 도읍을 옮겼고, 왕건도 고려 건국 후 여러 반란 사건을 겪자 원래 근거지였던 송악으로 천도했다. 또 묘청도 개경 귀족을 누르고 권력을 잡기 위해 서경 천도를 주장했다.
- 고려 공민왕은 개혁에 반대하는 권문세족을 누르기 위해 남경(서울)천도를 추진했다. 우왕과 창왕, 공양왕도 여러 번 남경 천도를 시도했으나 이루지 못했다.
- 조선을 건국한 태조 이성계는 나라를 세우자마자 한양으로 천도했다. 기득권을 유지하려는 고려 귀족이 많은 개경을 떠나 새로운 국가 세력을 만들기 위해서였다. 하지만 '1차 왕자의 난'이 일어나자 정종은 자기 정치 세력이 없는 한양에서 벗어나기 위해 개경으로 다시 돌아갔고, '2차 왕자의 난'으로 권력을 잡은 이방원은 다시 한양으로 천도했다.

이처럼 천도는 도읍이 바뀌는 것을 넘어서 경제와 권력이 이동하고 크게 변화하는 것이다. 그래서 옛 도읍에 살고 있는 세력은 기반을 빼앗기지 않기 위해 천도를 강력하게 반대한 것이다. 고려 말에 천도 논의가 많았던 것이나 기득권 세력이 반대해 실패했던 것을 보면 천도는 정치권력을 잡기 위한 목적으로 한다는 것을 잘 보여 준다.

해석하기 옛 도읍에 살고 있는 귀족 세력이 천도를 반대한 까닭은 무엇인가요?

역사 토론

📍 태조 이성계는 왜 한양으로 가려고 했을까?

토론 내용 태조 이성계는 조선을 건국한 후 나라 이름을 짓는 것보다 도읍 정하는 것을 더 서둘렀다. 한양은 처음부터 도읍 후보에 올랐고 고려 시대부터 큰 관심을 받았다. 태조 이성계는 마침내 한양을 도읍으로 정했다.

1. 풍수지리상 좋은 땅이기 때문이다.

고려 중기부터 한양은 풍수지리상 좋은 땅이라는 소문이 있어, 고려 때 여러 왕이 도읍을 한양으로 옮기려 시도했다. 처음 도읍으로 선정했던 계룡산이 좋지 않다 하여 한양으로 바꾼 것을 보면 풍수지리상 더 좋은 땅이었기 때문이다.

2. 정치적인 이유 때문이다.

도읍을 옮기는 가장 큰 이유는 왕권을 강화하기 위해서였다. 한양은 고려 왕조에서 벗어날 수 있고, 이전부터 도읍으로 정하려는 시도가 여러 번 있었기에 익숙한 곳이었다. 따라서 백성들 반대도 다른 지역보다 적었다. 빨리 민심을 잡고 정치 기반을 마련하는 데는 다른 지역보다 한양이 편리했다.

3. 통치를 쉽게 하기 위해서이다.

한양은 나라 중앙에 있고, 한강이 흘러 수운이 발달해 있었다. 당시에는 거둔 세금을 주로 물길로 수송했는데, 한양은 사방으로 통하는 거리가 고르며 배를 이용하기에 좋았다. 또한 군사적으로도 산으로 둘러싸여 자연적인 성벽 요새가 될 수 있어 좋은 위치였다. 한양은 도읍으로 나라를 통치하기에 좋은 곳이었다.

토론하기 이성계가 도읍을 한양으로 정한 가장 큰 이유는 무엇일까요? 자기 생각을 밝히고, 그 까닭을 쓰세요.

◑ 한 사람이 땅이나 집을 너무 많이 가지고 있으면 아무것도 가지지 못한 사람이 많아집니다. 땅이나 집을 독점하는 것에 대해서 생각해 봅시다.

옛날이나 오늘날이나 땅과 집을 많이 가지고 있으면 부자라고 한다. 고려 시대 권문세족은 전국 각지에서 권력을 등에 업고 토지를 빼앗아 대농장을 소유했다. 조선을 세운 이성계는 권문세족으로부터 토지를 빼앗아 나라 땅으로 만든 다음 농민들에게 경작할 수 있는 권리를 주거나, 관리 등에게 생산물을 거둘 수 있는 수조권을 주었다. 하지만 시간이 지나자 관리나 권력자가 땅을 독점해 버려서 백성은 살기가 어려워졌다.

오늘날 한국에서 집을 가장 많이 가진 사람은 누구일까? 보통 일상생활을 하거나 휴가를 보낼 수 있는 집이 필요하다면 1~2채로 족하다. 그러나 집을 빌려주고 돈을 받는 임대업자라면 집이 많을수록 좋을 것이다. 전국에서 집을 가장 많이 가진 임대업자는 몇 채나 소유하고 있을까? 지난 2017년 8월에 보도된 자료에 따르면 대한민국 최고 집 부자는 700채를 보유한 경남 창원 사람이다. 두 번째로 많이 가지고 있는 사람은 605채인 광주광역시 사람이다. 이들은 임대료를 신고하고 세금을 내는 사업자로 취득세나 재산세, 종합부동산세를 감면받고 있다.

우리나라 주택 보급률은 이미 100%가 넘어 섰다. 2015년 전국 주택 보급률이 103.5%로 올랐지만, 자기 집에 사는 사람은 53.6%로 5년 연속 감소하고 있다. 주택은 계속 지어서 많아졌지만, 집을 사서 살 수 있는 사람은 점점 줄어들고 있는 것이다. 한 사람이 몇 백 채씩 소유한 채 임대업을 하고 있고 많은 사람이 세입자가 되어 임대된 집에 살고 있다.

생각열기 1. 한 사람이 땅이나 집을 지나치게 많이 소유하는 것에 대해 어떻게 생각하는지 써 보세요.

2. 모든 사람이 공평하게 땅이나 집을 소유하는 것이 올바른 일인지 자기 생각을 써 보세요.

12 빛나는 세종 시대

역사 연대기

1418년 | 세종이 즉위함
1420년 | 집현전을 설치함
1443년 | 장영실이 혼천의를 만듦
1446년 | 훈민정음을 반포함

학습 목표

❶ 훈민정음 내용을 파악할 수 있다.
❷ 신하들이 한글 창제를 반대한 까닭을 알 수 있다.
❸ 장영실과 발명품을 파악할 수 있다.
❹ 세종 때 이루어진 문화와 과학 기술 발전을 이해할 수 있다.

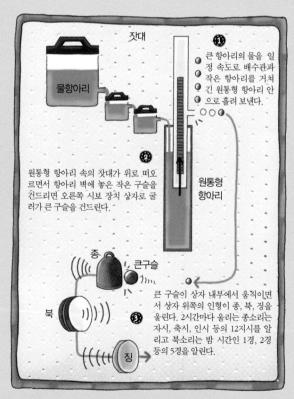

잣대

물항아리

❶ 큰 항아리의 물을 일정 속도로 배수관과 작은 항아리를 거쳐 긴 원통형 항아리 안으로 흘려 보낸다.

❷ 원통형 항아리 속의 잣대가 위로 떠오르면서 항아리 벽에 놓은 작은 구슬을 건드리면 오른쪽 시보 장치 상자로 굴러 큰 구슬을 건드린다.

원통형 항아리

종   큰구슬

북

징

❸ 큰 구슬이 상자 내부에서 움직이면서 상자 위쪽의 인형이 종, 북, 징을 울린다. 2시간마다 울리는 종소리는 자시, 축시, 인시 등의 12지시를 알리고 북소리는 밤 시간인 1경, 2경 등의 5경을 알린다.

◀ 자격루 작동 원리

▲ 창경궁 자격루(국보 제229호)

탐구 1 ─ 백성을 가르치는 바른 소리, 훈민정음

💡 **훈민정음 창제** 《조선왕조실록》〈세종 편〉 102권 '세종 25년인 1443년 12월 30일'에는 훈민정음을 창제했다는 기록이 있다. "이번 달에 임금이 친히 언문 28자를 만들었는데, 한자 서체인 전자 모양을 본떴다. 글자는 첫소리 부분(초성), 가운뎃소리(중성), 마지막 소리(종성)로 이루어져 이 세 가지가 합쳐져서 글자 하나가 된다. 원리는 비록 간단하지만 자음과 모음을 자유롭게 여러 모양으로 바꿀 수 있어서 한자를 비롯한 모든 글자들과 속된 말이나 사투리도 자유롭게 글자로 쓰고 표현할 수 있다. 이것을 훈민정음(訓民正音)이라고 한다."라고 되어 있다.

💡 **훈민정음 반포** 세종 28년 1446년 9월 29일에 훈민정음을 세상에 반포했다. 정인지가 쓴 반포 서문에는 "28자로써 서로 바꾸는 것이 끝이 없고 간단하면서도 요령이 있고 자세하면서도 쉽게 알 수 있게 되었다. 그런 까닭으로 지혜로운 사람은 아침나절이 되기 전에 이를 이해하고, 어리석은 사람도 열흘 만에 배울 수 있게 된다. 이로써 한자로 된 글을 해석하면 그 뜻을 알 수가 있으며, …… 어디를 가더라도 통하지 않는 곳이 없어서, 비록 바람소리와 닭 울음소리, 개 짖는 소리까지도 모두 표현해 쓸 수가 있게 되었다."라고 되어 있다.

세종은 "우리나라 말이 중국과 달라서 글자를 쓰도록 만든 한자로는 우리말과 통하지 않으니 글자로 쓰기가 어렵다. 이런 까닭에 어리석은 백성이 말할 것이 있어도 제 뜻을 글자에 담아 나타내지 못하는 사람이 많다. 내가 이것을 딱하게 여겨 새로 스물여덟 글자를 만들었으니, 사람마다 쉽게 익혀서 날마다 글자로 쓰는 것을 편안하도록 하려는 것이다." 라고 훈민정음을 만든 까닭을 밝혔다.

🔍 **탐구하기** 훈민정음(訓民正音)은 무슨 뜻인가요?

탐구 2 ― 조선 최고 과학자, 장영실

장영실은 1390년 부산 동래에서 장성휘와 관기 사이에서 태어났다. 그는 어머니 신분에 따라 동래현 관청에 소속된 노비였다. 그러나 어려서부터 재주가 뛰어난 장영실은 태종이 널리 인재를 수소문할 때 상의원에 발탁되어 조정에서 일했다.

1421년 세종은 장영실을 중국으로 보내 천문기기에 대한 기술을 배워오게 했다. 그리고 특명으로 장영실에게 상의원 별좌 벼슬을 주어서 노비 신분에서 벗어나게 해주었다. 또 만들고 싶었던 도구나 기계 장치를 만들게 했고, 지방에 보내 금과 은을 제련하는 일, 철광을 채굴하는 일도 시켰다.

1432년 장영실은 중추원사 이천을 도와 간의대 만드는 일을 이끌었으며, 금속 활자인 갑인자를 만드는 데에도 참여했다. 또 많은 천문 관측기구와 과학 기구들도 만들었다. 1434년에 만든 자격루는 자동으로 시간을 알려 주는 기계식 물시계이다. 그전에도 물시계가 있었지만 사람이 직접 눈금을 보고 북과 징으로 시간을 알려 주는 방식이었다. 그러다 보니 시간을 알리는 때를 놓치거나 잘못 읽고 엉뚱한 시간을 알려주는 경우가 잦았다. 하지만 자격루는 중국 원나라 때 만들어진 물시계보다 더 정교하고 정확했다.

또 1437년부터 6년 동안 천체 관측용 대간의와 소간의, 휴대용 해시계인 앙부일구를 만들었다. 낮과 밤 시간을 같이 측정할 수 있는 일성정시의, 태양이 뜨고 지는 시간과 그림자 길이로 태양 높낮이를 측정할 수 있는 규표 등을 만들었다.

이렇게 제작된 관측기구들은 세종 16년 경복궁 대간의대 안팎에 설치되었다. 대간의대는 당시 세계에서 가장 큰 규모였다고 한다. 하지만 대간의대는 임진왜란 때 파괴되어 남아 있지 않다.

▲ 측우기

장영실은 세계 최초 우량계인 측우기와 수표(水標)를 발명한 공을 인정받아 상호군에 특진되었다. 그러나 이듬해 직접 감독해서 만든 왕이 타는 가마가 부서져 불경죄로 장형을 받고 파직당했다. 세종은 장영실이 받은 곤장 100대 형벌을 80대로 줄여주었으나 다시 등용하지는 않았다.

🔍 **탐구하기**　장영실이 만든 발명품에는 어떤 것들이 있나요?

역사 탐구

탐구 3 **천문 기기 제작과 역법서 편찬**

💡 **천문 기기 제작 사업** 모든 학자가 참여한 사업인 천문 기기 제작은 세종 14년에 시작되어 세종 19년에 완성되었다. 대간의, 소간의, 일구, 앙부일구, 자격루 등 수많은 기기가 이때 제작되었다.

이런 천문 기기는 비록 중국 천문대를 모방하여 만든 것이었지만 세종은 궁궐 안에 세워두고 수시로 살피게 했다. 이전까지 중국 황제만이 하늘과 대화할 수 있고, 또 하늘에서 나타나는 변화를 관측해 하늘 뜻을 알아낼 수 있다고 생각했다. 하지만 세종은 조선 스스로 하늘을 관측하려 했다.

💡 **《칠정산》 '내편', 《칠정산》 '외편'** 어느 나라에서나 시간과 한 해 절기를 알아내는 일은 국가를 다스리는 밑바탕이었다. 우리나라는 중국에서 만든 역법(달력)을 사용했지만 위도와 경도가 달라서 제대로 맞지 않았다. 절기와 시간을 정확하게 알리면 우리나라를 기준으로 천문 계산을 해야 한다는 것을 깨달았다. 그래서 한양을 기준으로 한 북극 고도를 표준으로 별자리를 관측해 역법을 개발하라는 명을 내렸다.

1432년 시작된 역법 연구는 정초, 정인지, 이순지, 김담 등을 중심으로 이루어졌다. 마침내 1442년 원나라 수시력과 명나라 대통력을 한양 위도에 맞게 수정 보완한 '내편'과 아라비아 회회력까지 흡수한 '외편'으로 《칠정산》이 제작되었다. 편찬 과정에서 혼천의, 간의 같은 정밀한 천문 관측기구도 제작되었다. 이 기구들로 한양이 자리 잡은 경도·위도와 동지, 하지점을 정확

- **수시력** 원나라 곽수경이 편찬한 역법
- **대통력** 명나라가 사용한 역법, 수시력을 이름만 바꾸어 사용
- **회회력** 아라비아 역법

히 측정했고,《칠정산》을 편찬하는 바탕이 되었다.

당시 이렇게 정확한 천문학 계산을 할 수 있는 나라는 중국, 아라비아 밖에 없었다는 점에서 볼 때 우리나라 천문학은 최고 수준이었음을 알 수 있다.

🔵 **탐구하기** **1.** 세종 때 만든 천문 기기는 어떤 것들이 있나요?

2. 세종 때 만들어진 역법서 이름은 무엇인가요?

해석 1 ◆ 신하들은 왜 훈민정음 창제를 반대했을까?

《조선왕조실록》에 집현전 부제학 최만리 등이 언문 제작이 부당하다는 것을 아뢰는 상소를 올리자 왕이 직접 상소 올린 사람들을 불러서 논쟁을 벌였다는 기록이 남아있다. 한글을 창제하면 안 된다며 내세운 까닭은 여섯 가지였다.

- **오랑캐** 이민족을 낮게 이르는 말
- **비속** 비루하고 속됨, 천박하다는 뜻
- **졸속** 아무렇게나

첫째, 대대로 중국을 섬기며 문물을 본받고 사는 나라에서 한자와 다른 소리글자를 만드는 것은 중국 보기가 부끄러운 일이다.

둘째, 한자와 다른 글자를 가진 나라는 모두 오랑캐이니, 새로운 글자를 만드는 것은 스스로 오랑캐가 되는 일이다.

셋째, 한글은 설총이 만든 이두보다도 더 비속할 뿐만 아니라 새롭고 기이한 기예(技藝)에 지나지 않는다. 한글을 쓰면 한자로 된 중국 학문을 알 수 없게 되어 문화 수준이 떨어질 것이다.

넷째, 백성이 송사로 억울한 경우를 당하는 것은 한자를 몰라서 생기는 것이 아니라 관리가 자질이 부족하기 때문이니 새 글자를 만들 이유가 아니다.

다섯째, 새 글자를 만드는 것은 풍속을 크게 바꾸는 일이니, 만백성과 선조는 물론 중국에도 물어서 심사숙고해야 한다. 하지만 몇 명이 모여서 졸속하게 추진하고 있고, 왕은 건강을 해쳐 가며 지나치게 정성을 쏟는다.

여섯째, 학문과 왕도 수업에 정진해야 할 동궁(세자)이 인격 성장과 관계가 없는 글자나 만들고 있는 것은 나중에 왕이 되면 필요한 도리를 배울 시간을 뺏는 일이다.

이에 세종은 세 번째 의견에 '설총이 백성을 위해 이두를 만든 것처럼 한글도 새로운 것을 탐해서가 아니라 백성을 편안히 하기 위해 만든 것이라고 밝힌 다음, '기예(새롭고 기이한 잔재주)'라 하는 것은 지나치다고 했다. 네 번째 의견에 대해서는 사리를 모르는 속된 선비가 하는 생각이라고 비판했다. 또 여섯 번째 의견도 자신이 병이 심해서 이미 나랏일을 동궁에게 맡겼고, 한글은 아주 중요한 것이므로 동궁이 제작에 관여하는 것은 당연하다고 반박했다.

> **해석하기** 훈민정음을 반대하는 신하들 의견에 세종이 한 답변은 무엇인가요?

해석 2 ― 세종, 인재 등용에 특별함이 있었다

　　세종은 끊임없는 노력으로 한글(훈민정음)을 창제하고 북방에 4군 6진을 개척했으며, 과학기술을 꽃피웠고 음악 및 예법도 정리했다. 이 같은 빛나는 업적 뒤에는 각 분야에서 활약했던 신하가 있었다. 사람을 신뢰하고 훌륭하게 다룰 줄 알았던 세종에게는 명재상 맹사성을 비롯해 과학에 장영실, 음악에 박연, 북방 개척에 김종서, 문학에 정인지가 있었다. 무엇보다 집현전에는 뛰어난 인재가 많았다.

　　세종은 인재를 찾아내 알맞은 자리에 배치했고, 신분을 따지지 않고 능력을 발휘하도록 했다. 관노였던 장영실을 조선 최고 과학자로 만든 것이 그 예이다.

　　기록을 보면 정승이었던 맹사성은 우유부단한 성격이라 일처리가 느렸고, 북방에 호랑이라고 부르던 김종서는 성격이 급해서 둘레 사람과 충돌하는 일이 많았다. 음악 제도를 정리했던 박연은 대인 관계가 좋지 못했고 행동이 야무지지 못해서 실수가 잦았다. 명문장가였던 정인지도 행정에는 미숙했다.

　　이처럼 좋은 인재라고 뽑았으나 부족한 면도 많았다. 하지만 세종은 부족한 점을 지적하기보다는 자기 분야에서 재능을 발휘할 수 있는 환경을 만들어 주었다. 세종은 신하가 자신과 다른 주장을 펼치더라도 끝까지 들어주었고, 때로는 자기 뜻을 굽혀 의견을 따르기도 했다. 세종이 열린 마음으로 대하자 무조건 복종이 아닌 진심으로 따르는 신하가 많아졌다.

　　또 세종은 담당자가 각 정책을 책임질 수 있도록 모든 권한을 넘겨주었다. 자신도 끊임없이 공부했고 새로운 정책을 생각해냈다. 문화와 과학 기술이 눈부시게 발전한 것은 이런 과정을 통한 결과물이었다.

　　더불어 세종은 대적할 사람이 없을 정도로 학식과 능력이 뛰어났다. 이런 학식과 능력은 인재를 알아보는 지혜로운 눈이 되었고, 능력을 가장 잘 발휘할 수 있는 자리에 배치해 조선을 빛나는 문화·과학 강국으로 만들었다.

> **해석하기**　세종은 인재들에게 부족한 면을 어떻게 감싸주었을까요?

역사 토론

📍 장영실은 왜 다시 등용되지 않았을까?

[토론 내용] 1442년(세종 24)에 제작한 어가(왕이 타는 가마)가 부서지는 사고가 일어나자, 제작 책임자인 장영실은 불경죄로 파직되었다. 그 이후 장영실은 다시 등용되지 않았다. 왜 장영실은 다시 벼슬에 오르지 않았을까?

[토론] 1. 당시 사회 구조 때문이다.

　노비 출신인 장영실은 정3품 관직까지 오르며 신분이 급상승했다. 양반들에게는 눈엣가시처럼 거슬리는 일이었고, 많은 신하가 반대했다. 신분 제도가 흔들리는 일에 위험을 느낀 신하들이 강하게 반대했기 때문에 더 이상 등용되지 못했다.

[토론] 2. 세종 마음이 바뀌었다.

　세종은 젊었을 때부터 병이 잦았다. 세종 23년 즈음 심한 안질과 소갈증, 부종, 종기 등과 그동안 쌓인 피로가 겹쳐 건강이 좋지 않은 상태였다. 또 많은 업무를 세자에게 넘긴 때였다. 이런 상황에 어가가 부서졌으므로 세종이 장영실을 계속 등용하는 것은 무리였다.

[토론] 3. 장영실 스스로 선택한 것이다.

　1442년이면 장영실 나이가 오십이 넘었다. 당시에 그 나이라면 더 이상 발명이나 연구는 어려웠을 것이다. 그래서 스스로 벼슬을 그만두었을 것이다.

[토론] 4. 명나라와 마찰을 피하기 위해서였다.

　세종은 장영실을 파면하고 8개월이 지난 후, 정성들여 만든 간의대를 허물 것을 명령했다. 《조선왕조실록》을 보면 '이 간의대가 경회루에 세워져 있어 중국 사신으로 하여금 보지 못하게 하는 것이 불가하므로……'라고 적혀 있다. 세종은 중국 사신이 간의대를 보는 것에 계속 불편함을 느끼고 있었다. 중국 눈치를 봐야 하는 상황에서 장영실을 다시 등용하는 것은 어려웠다.

[토론하기] 세종은 장영실을 왜 다시 등용하지 않았을까요? 자기 생각을 밝히고, 그 까닭을 쓰세요.

학습 내용 | 정해진 답은 없습니다. 자기 생각을 자유롭게 쓰세요.

◐ 조선 시대 왕은 궁궐에 천문 관측기구를 설치해 농업을 발전시켰고, 오늘날 대통령은 청와대 홈페이지에 신문고, 집무실에 일자리 상황판을 설치했습니다. 국가 지도자가 국민을 직접 보살피는 것에 대해서 생각해 봅시다.

조선 시대에 왕은 궁궐 안에 천문, 기상, 시각을 재는 기구를 설치해 하늘을 관찰했다. 덕수궁 광명문 앞에는 중종 때 사용한 자격루가 남아 있고, 창경궁에는 숙종 때 세운 천문 관측대인 관천대가 있다. 화강암으로 만든 대 위에 간의를 설치하고 천체를 살폈다.

경복궁에는 경회루 남쪽에 자리 잡은 수정전 앞에 세종 때 장영실, 이천 등이 보루각을 세우고 자격루를 설치했다. 교태전 뒤에는 풍기대를 세우고 바람 방향과 속도를 가늠했다. 사정전 앞에는 세종 때 만들고 조선 후기에 개량된 앙부일구 해시계가 있다. 또 앙부일구를 종묘 남쪽 거리에도 설치해 농사 절기와 시간을 누구나 알 수 있도록 했다. 왕은 백성을 배불리 먹이고 편안하게 살게 할 책임을 지고 있었다.

청와대 신문고는 정부에 대한 민원과 정책 제안 등을 인터넷으로 신청하고 처리하는 온라인 소통 창구이다. 업무 처리나 제도가 불편하면 국민 누구나 해결해 달라고 요구할 수 있다. 국민과 소통하려는 대통령 뜻이 담긴 제도이다. 또 대통령 집무실에는 '대한민국 일자리 상황판'이 설치되어 있다. 취업한 사람 수, 실업자 수, 정규직과 비정규직 등을 알 수 있도록 만들어 놓았다. 이를 통해 대통령이 일자리를 한 눈에 살펴 좋은 제도를 만들려고 노력하고 있다.

✂ **생각열기** 대통령에게 해결해 달라고 건의하고 싶은 것을 청와대 신문고에 제안하는 글로 써 보세요.

13 세조와 성종, 그리고 《경국대전》

역사 연대기

1452년 ㅣ 단종이 왕위에 오름
1466년 ㅣ 직전법을 실시함
1485년 ㅣ 《경국대전》을 최종 완성함

학습 목표

❶ 세조가 임금이 되는 과정을 알 수 있다.
❷ 사육신과 생육신을 알 수 있다.
❸ 성종 때 발전 모습을 이해할 수 있다.
❹ 《경국대전》 내용과 특징을 알 수 있다.

◀ 조선 통치 체제

▲ **경국대전** 세조 때 시작해서 성종 때 완성된, 조선을 대표하는 법전이다. 성리학 사상을 담은 법 조항들이 실려 있다.

탐구 1 ─ 계유정난, 수양 대군이 왕위를 빼앗다

세종을 이은 문종은 왕위에 오른 지 2년 만에 병으로 죽고 12살인 단종이 왕위에 올랐다. 그러나 어린 임금을 대신해 수렴청정을 해줄 대비나 대왕대비가 없었다. 단종을 지켜달라는 부탁을 문종으로부터 받은 황보인과 김종서가 권력을 쥐었다. 황표정사를 통해 자기편을 관리로 임명했고 나랏일도 마음대로 결정했다. 황표정사는 뽑고 싶은 사람 이름 위에 노란 점을 찍어서 임금에게 올리면 임금이 승인해 관리를 임명하는 것이다. 임금이 원하는 사람을 뽑는 것이 아니라 점을 찍는 신하 뜻에 따라 임명하는 방식이었다.

단종 삼촌인 수양 대군과 안평 대군을 비롯한 왕실 가족들은 임금이 김종서와 황보인에게 휘둘리는 것을 보고 나라가 신하 손에 넘어갈 것이라며 걱정했다. 수양 대군은 한명회, 권람을 비롯해 여러 신하를 자기편으로 모았다. 수양 대군 집에 드나드는 사람이 많아지자 왕위를 노린다는 소문이 돌았다. 수양 대군은 의심을 피하기 위해 명나라에 사신으로 가면서 같이 가던 집현전 관리 신숙주도 자기편으로 만들었다. 안평 대군도 세력을 키워 수양 대군에 맞서려 했다.

기회를 엿보던 수양 대군은 김종서 집으로 쳐들어가 김종서를 죽이고, 안평 대군과 함께 역모를 꾸몄다고 단종에게 고했다. 그리고 왕명을 빙자해 많은 대신을 궁궐로 불렀다. 황보인을 비롯한 반대 세력을 모조리 죽이고 안평 대군은 강화도로 귀양 보낸 뒤 사약을 내렸다. 이 사건을 '계유정난'이라 한다.

수양 대군은 영의정과 이조판서, 병조 판서를 겸하며 막강한 권력을 차지했고, 한명회, 권람, 신숙주 등에게도 높은 관직을 주었다. 또 동생인 금성 대군에게 역모 죄를 씌워 안홍으로 귀양 보냈다. 단종은 마지막 기댈 곳인 금성 대군마저 유배를 가자 더 이상 자기를 지켜줄 사람이 없다는 것을 알고 1455년 수양 대군에게 임금 자리를 넘겨주었다.

> **탐구하기** **1.** 이름 위에 노란 점을 찍어서 관리를 뽑는 것을 무엇이라고 하나요?
>
> ....
>
> **2.** 어떤 사건을 '계유정난'이라고 부르나요?
>
> ....

탐구2 ─ 단종 복위 운동, 사육신과 생육신

　김종서와 황보인이 권력을 쥐고 흔드는 것에 반발했던 집현전 학자 대부분은 계유정난에 반대하지 않았다. 하지만 수양 대군이 왕위를 찬탈하자 단종을 다시 왕위에 올리는 계획을 세웠다. 1456년 명나라 사신을 접대하는 자리에서 성삼문, 박팽년, 하위지, 이개, 정창손 등이 임금 옆을 지키는 별운검 무관과 힘을 합쳐 세조를 죽이기로 했다. 하지만 장소가 좁다며 별운검을 들어오지 못하게 하자 거사를 뒤로 미뤘다. 겁을 먹은 정창손과 김질은 세조에게 거사 계획을 알렸다. 계획에 참여했던 사람 70여 명이 처형되었고 가족은 노비가 되었다.

　이때 처형된 성삼문, 박팽년, 이개, 하위지, 유성원, 유응부를 '사육신'이라고 하고, 참여하지는 않았지만 절개를 지키기 위해 벼슬을 버린 김시습, 원호, 이맹전, 조려, 성담수, 나중에 이 일을 기록한 남효온을 '생육신'이라고 부른다.

　세조는 상왕으로 창덕궁에 머물던 단종을 노산군으로 강등시키고 강원도 영월로 유배 보냈다. 하지만 금성 대군이 단종을 복위시키려고 하다가 죽음을 맞았고, 노산군도 사약을 받았다. 노산군은 2백년 뒤인 숙종 때 복위되어 단종이라는 묘호를 받았다.

　반면 세조는 왕권을 강화하기 위해 여러 제도와 정책을 정비했다. 집현전을 없애고, 왕과 신하가 공부하던 경연도 없앴다. 임금이 6조에 직접 명을 내리고 보고도 직접 받아서 의정부 권한을 줄였다(6조 직계제). 현직 관리에게만 토지를 주는 직전법을 실시해 국가 수입을 늘렸다. 또 나라를 다스리는 데에 꼭 필요한 법전인 《경국대전》을 편찬하기 시작했다. 편찬 사업에 힘써 역사책과 지리책, 불경을 비롯한 훈민정음으로 쓴 책도 많이 펴냈다.

　하지만 조카를 죽이고 임금 자리를 차지한 것 때문에 많은 비난을 받았다. 세조는 자신을 임금 자리에 올려준 공신에게 넓은 땅과 높은 벼슬을 나누어 주었고 반역이 아니면 어떤 죄도 용서해주었다. 이들은 권력을 자식에게 물려주며 특권을 누렸는데, '나라에 공훈을 세운 구세력'이라고 해서 '훈구파'라고 불렀다.

　훈구파는 나라를 자기 욕심대로 다스리고 있었는데, 이에 맞서는 '사림파'가 등장했다. 사림파는 산림에 묻혀 공부한다고 하여 붙여진 이름으로, 성종 때 정계에 진출하여 훈구파와 맞서기 시작하면서 사화가 일어났다.

　탐구하기 '사육신'에 속하는 신하는 누구인가요?

탐구 3 ━ 국가 안정을 이룬 성종

　세조를 이은 예종은 1년 만에 죽고, 성종이 왕위에 올랐다. 성종은 세조 큰 아들인 의경 세자 둘째 아들이었으나, 세조 비인 정희 대비와 어머니, 그리고 장인인 한명회 도움으로 왕위에 올랐다.

　한명회는 세조가 왕위에 오를 때 큰 공을 세웠고 두 딸을 예종과 성종에게 시집보내면서 임금 장인인 부원군으로 막강한 권력을 휘둘렀다. 그리고 훈구파가 정치 권력을 독차지해 왕권은 매우 약해져 있었다. 성종을 대신해 정희 대비가 7년 동안 수렴청정을 했고, 스무 살이 되어서야 직접 다스리기 시작했다.

　성종은 왕권 강화를 위해 훈구파에 맞설 사림파를 적극 등용했다. 또 나랏일에 잘못을 밝히고 바로 잡기 위한 관청인 사헌부, 사간원, 홍문관, 이렇게 3사에 사림파를 임명했다. 3사에 왕과 관리가 잘못하는 일이 없는지 살펴서 아뢰거나 처벌할 수 있는 권한을 주자 왕권과 신권이 균형을 유지할 수 있게 되었다.

- **사헌부** 부정부패를 감찰하고 풍속을 교정했다.
- **사간원** 왕이 잘못된 일을 하면 간언하는 일을 했다.
- **홍문관** 왕을 자문하는 기관이며, 경연과 서연을 통해 왕과 학문을 논했다.

　성종은 유학을 발전시키기 위해 성균관에 존경각을 지어 많은 책을 하사했고, 유생을 적극 지원했다. 또 전국에 있는 향교에도 학문 연구가 활발해지도록 지원했다. 지방에 있는 향교가 활발해지면서 사림파가 더욱 세력을 키우는 바탕이 되었다.

　세조가 없앤 경연을 되살려 신하와 활발하게 학문 토론을 했고, 홍문관을 세종 때 집현전 같은 연구 기관으로 바꾸었다. 관리가 휴가를 얻어 책을 읽을 수 있도록 해주는 '사가독서제'도 실시했다. 또 조선 시대 기본 법전인 《경국대전》, 나라 행사 예법을 정리한 《국조오례의》, 역사책인 《동국통감》, 지리책인 《동국여지승람》을 완성했고, 음악책인 《악학궤범》을 편찬했다. 세종 때 만든 《삼강행실도》를 한글로 풀어 《언해삼강행실도》를 만드는 등 이전부터 편찬해 오던 많은 책을 완성했다. 국방에도 힘을 기울여 압록강과 두만강 건너 여진족을 소탕했다.

　정치, 경제, 사회, 문화 각 방면에서 나라 틀이 완성되어 그 어느 때보다도 안정을 이루게 되었다. 그래서 묘호에 이룰 성(成)자를 붙여 성종이라고 했다.

탐구하기 　성종이 훈구파에 맞서기 위해 등용한 사람들은 누구인가요?

해석 1 《경국대전》은 왜 만들어졌을까?

나라를 다스리는 법을 정리한 것을 법전이라고 한다.

조선은 태조 때부터 법전을 만들었으나 새로운 법을 자꾸 만들어야 했고 임금이 바뀔 때마다 바뀌기도 해 나라를 다스리는 기본 법전으로 삼을 수가 없었다. 《조선경국전》, 《경제육전》, 《속육전》 같은 법전이 만들어졌는데, 이런 법전을 하나로 정리한 것이 《경국대전》이다.

세조는 법전을 편찬하는 관청을 따로 만들고 항목을 정하거나 토론을 하는 등 작업에 직접 참여하기도 했다. 이렇게 시작된 법전 편찬은 예종과 성종을 거치면서 완성되었다. 조선이 건국된 지 100여 년 만에 하나로 통일된 완전한 법전이 만들어진 것이다.

《경국대전》은 '나라를 다스리는 큰 법전'이라는 뜻이다. 《경국대전》을 완성하자 왕을 중심으로 나라를 다스리는 틀이 완성되었다.

《경국대전》이 만들어지자 조선은 임금이 명령하는 것이나 관습으로 다스리지 않고 문자로 된 법으로 다스리는 법치 국가가 되었다. 또 우리나라 실정에 맞지 않는 중국 법에서 벗어나 우리 법을 가지게 되었다. 지방 관리도 자기 생각대로 하던 일을 법에 따라 처리하게 되었다. 나라 운영이 중앙에서 지방까지 하나로 이루어질 수 있었다.

《경국대전》에는 통치, 경제, 사회, 풍속 등을 알 수 있는 법조문 319개가 있고, '이, 호, 예, 병, 형, 공'으로 나눈 6전 체제로 구성되어 있다.

《경국대전》은 조선 말까지 나라를 다스리는 가장 중요한 기준 법전이 되었다.

이전	중앙 제도, 지방 관직 제도, 관리 임명 등 행정 조직 관련 규정
호전	호적, 조세, 녹봉, 땅이나 집 매매, 채무 등으로 나라를 운영하는 데 필요한 경제 관련 규정
예전	문과, 무과, 잡과 등 과거 제도 관련 규정과 외교, 혼인과 제사 의례 관련 규정
병전	군사 제도 및 국방 관련 규정
형전	형벌, 재판, 공노비와 사노비 등에 대한 규정
공전	도로, 교량, 도량형 등에 대한 규정

해석하기 세조는 왜 《경국대전》을 만들려고 했을까요?

해석 2 《경국대전》도 한계가 있었다

《경국대전》은 정치, 경제, 사회, 군사, 문화 등 모든 생활을 법으로 정한 종합 법전이다. 내용은 국가 기관과 관리가 해야 하는 일을 정한 것이 대부분을 차지한다. 하지만 성리학에 기초를 두고 신분과 남녀, 직업 등 모든 분야에서 차별을 두어야 한다는 내용도 많다.

《경국대전》에는 백성과 밀접한 법이 많다.

- 남자는 열다섯 살, 여자는 열네 살이 되어야 결혼을 할 수 있다.
- 부모가 재산을 상속할 때는 모든 자녀에게 똑같이 나누어 준다.
- 땅과 집, 노비 등을 팔거나 사면 100일 안에 관청에 신고해 확인을 받아야 한다.

《경국대전》에 나오는 처벌은 관리에 대한 것이 가장 많다.

- 흉년 때문에 굶어 죽는 백성이 많은데도 조정에 이를 보고하지 않는 수령에게는 무거운 벌을 준다.
- 뇌물을 바쳐서 관직을 구하면 곤장을 맞고 귀양을 보낸다.
- 비리로 벼슬에서 쫓겨난 관리 자식은 과거 시험을 보지 못한다.

《경국대전》에는 시대를 앞서가는 법도 있다.

- 살인 같은 큰 죄를 지어도 세 차례 재판을 받게 하는 삼복 제도를 두어 해당 지역 관찰사가 판결한 것을 형조에서 다시 심사한 다음, 왕에게 보고하면 왕이 대신과 의논해 판결을 내린다.
- 큰 죄를 지어도 15세가 안 된 미성년자나 70세 이상 노인, 아이를 낳은 지 100일이 안 된 여자는 감옥에 가둘 수 없다.
- 공노비가 임신하면 출산 전 30일, 출산 후 50일 휴가를 준다. 남편도 15일 휴가를 준다.

그러나 과부가 다시 혼인하는 것을 금지하고, 서얼은 과거를 볼 수 없으며, 노비는 억울한 일이 있어도 주인을 고발할 수 없었던 것처럼 사람을 차별하는 것을 정한 법전이기도 했다.

> **해석하기** 《경국대전》이 갖고 있는 한계는 무엇일까요?
>
>

역사 토론

📍 계유정난은 반역이었을까, 나라를 위한 결단이었을까?

토론 내용　수양 대군이 황보인과 김종서 세력을 제거하고 무력으로 권력을 잡았다. 계유년에 일어난 난리를 바로잡아 편안하게 했다고 해서 스스로 '계유정난'이라고 불렀다.

토론　**1. 반역이다.**

강한 왕권을 위해서라고 했지만 단종을 끌어내렸고, 많은 사람을 죽이면서 왕위에 올랐기 때문에 반역이다. 나라를 위해서라기보다는 임금이 되고 싶은 야망을 실행한 것뿐이다.

토론　**2. 나라를 위한 결단이다.**

단종은 나라를 다스리기에는 나이가 너무 어렸고, 수렴청정을 대신 해줄 어른도 없었다. 김종서나 황보인 같은 대신이 모든 나라 일을 처리했다. 대신 몇 명이 나라를 이끌어 나가는 것에 불만을 품은 신하도 많아 약해진 왕권을 다시 강하게 만들기 위해서였다.

토론　**3. 그래도 반역이다.**

수양 대군이 옆에서 단종을 도와 줄 수도 있었다. 정당하게 왕위를 계승한 단종을 몰아낸 것은 반역이다. 또 자신을 비판하는 사람은 잔인하게 죽였고, 자신을 도와준 사람에게 많은 땅과 권력을 주어 강력한 공신 세력이 만들어지는 계기가 되었다.

토론　**4. 아무리 그래도 나라를 위한 결단이다.**

조선은 임금을 중심으로 다스리는 나라다. 세종이 나라를 발전시킬 수 있었던 것은 태종이 다져둔 강력한 왕권이 있었기 때문이다. 세조가 강력한 왕권을 다시 세웠기 때문에 뒤를 이은 성종이 나라 기틀을 완성할 수 있었다.

토론하기　계유정난은 반역이었을까요, 나라를 위한 결단이었을까요? 자기 생각을 밝히고, 그 까닭을 쓰세요.

학습 내용 | 정해진 답은 없습니다. 자기 생각을 자유롭게 쓰세요.

다음 글을 읽고, 공직자가 부패하는 것을 막는 것에 대해서 생각해 봅시다.

2012년 국민권익위원장을 지낸 김영란이 제안해 2016년 9월 28일 시행된 김영란법은 '부정 청탁 및 금품 등 수수의 금지에 관한 법률'을 말한다. 이 법은 정부, 공공기관, 공기업, 지자체 산하 단체와 유치원부터 대학까지 모든 국공립, 사립 교육 기관 종사자, 신문 및 방송 언론사와 배우자까지 적용된다. 식사 대접은 3만원, 선물은 5만원, 경조사비는 10만 원을 넘겨서 주면 안 된다.

김영란법이 시행되면서 소비가 줄어들었다고 한다. 고급 식당도 손님이 줄었고, 선물용 인삼 제품이나 화훼도 거래액이 많이 줄어서 경제에 타격을 준다고 하는 사람도 있다.

또 학생이 선생님께 커피 한잔 사드리는 것이나 스승의 날에 작은 선물도 주고받는 것을 꺼리게 되었다고 한다. 고마움을 전하는 작은 선물도 주고받지 않게 되면서 정을 나누는 우리 문화가 사라질 수 있다고도 한다.

하지만 김영란법은 국가를 투명하게 해 경제가 바르게 성장할 수 있는 기회가 될 수 있다. 각종 법이나 제도가 좋아져서 부패가 없어지면 오히려 신뢰가 높아져 외국 사람이 우리나라에 투자를 많이 할 수도 있고, 국가 신용등급도 올라가 경제에 더 큰 도움이 될 수 있다. 사회 전반에 걸쳐 불건전한 거래가 줄어들면서 불평등도 줄일 수 있다.

생각열기 김영란법이 시행되면서 정을 나누는 우리 문화가 사라진다거나 경제를 어렵게 한다는 것에 대해 자기 생각을 써 보세요.

14

사림이 화를 입다,
4대 사화

학습 목표

❶ 4대 사화를 이해할 수 있다.

❷ 중종반정 내용을 알 수 있다.

❸ 조광조가 주장한 개혁을 알 수 있다.

❹ 문정 왕후에 대한 편견에 대해 생각해 볼 수 있다.

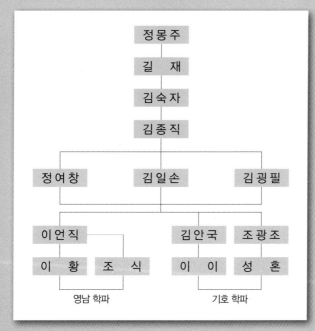

◀ 사림 계보

탐구 1 ☞ 무오사화와 갑자사화, 사화가 시작되다

계유정난을 거치며 지나치게 힘이 강해진 훈구파를 누르기 위해 성종은 사림파를 대거 등용했다. 그러자 훈구파는 권력을 유지하기 위해서 사림파를 경계하게 되었다. 훈구파와 사림파 사이에 벌어진 갈등이 싸움으로 이어진 것이 사화이다.

> • **사초** 실록을 만드는 기초라는 뜻으로 왕과 관리들이 한 일을 사관이 날마다 자세히 기록해 놓은 글이다.
> • **사관** 역사를 기록하는 관리를 말한다.

💡 **무오사화** 성종을 이어 연산군이 왕위에 오른 지 4년째 되던 1498년 《성종실록》을 편찬하기 위해 실록청이 만들어졌다. 실록청 책임자인 이극돈은 사초를 살펴보다가 사관 김일손이 적어 놓은 '조의제문'을 발견했다. 조의제문은 항우에게 죽은 중국 초나라 왕 의제를 추모하기 위해 김종직이 쓴 글이다. 왕을 죽인 항우를 세조, 항우에게 죽은 의제를 단종에 비유해 세조를 비판한 것이다. 세조가 왕이 된 것이 잘못이면 뒤를 이은 예종, 성종, 연산군이 왕이 된 것도 잘못이라는 뜻으로 해석할 수 있었다.

이극돈은 훈구파인 유자광에게 이를 알렸고, 유자광은 사림파를 제거할 기회라고 여겨 '세조에 대한 불미스러운 내용을 적었다.'고 연산군을 찾아가 알렸다. 잘못한 일을 지적해 고치라고 사사건건 따지는 사림파가 눈에 거슬렸던 연산군도 사림파를 몰아내는 빌미로 삼았다. 이미 죽은 김종직 무덤을 파서 시신 목을 베는 부관참시를 명했고, 김일손은 능지처참 당했다. 또 사림파 대부분은 귀양을 보냈다. 무오년(1498)에 사림이 화를 당했다 하여 '무오사화'라고 한다.

💡 **갑자사화** 연산군 어머니인 윤씨는 성종 첫 번째 부인이었다. 시기와 질투가 심했는데, 성종 얼굴에 상처를 낸 일로 연산군이 어렸을 때 쫓겨나 사약을 받았다. 성종은 연산군이 알게 되면 복수를 할 것이라며 아무도 입에 담지 말라고 유언을 했다. 그러나 연산군으로부터 총애를 받던 훈구파인 임사홍이 사림파를 몰아내기 위해 이 사실을 알렸다. 연산군은 어머니를 죽이는 데에 찬성했던 성종 후궁들과 그 아들을 죽였다. 또 어머니에게 사약을 마시게 한 사림파 신하도 모두 죽였다. 이 사화로 훈구파 일부도 피해를 입었지만 사림파는 엄청난 타격을 받았다. 연산군 10년인 갑자년(1504)에 일어난 이 사화를 '갑자사화'라고 한다.

🔍 **탐구하기** 다음 사화가 일어난 까닭은 무엇인가요?

• 무오사화:

• 갑자사화:

탐구 2 ― 중종반정과 기묘사화

두 차례 사화를 일으킨 뒤 연산군은 경연과 사간원, 홍문관을 없애고 자기를 비판하는 신하는 살려 두지 않았다. 폭정이 갈수록 심해지자, 1506년 박원종, 성희안, 유순정은 연산군을 쫓아내고 이복 동생인 진성 대군을 중종으로 세웠는데, 이를 중종반정이라고 한다.

> **반정** 잘못된 정치를 바로 잡는다는 뜻이다.

중종은 경연을 다시 열고 홍문관과 사간원 등 언론 기관을 되살렸다. 그러나 반정에 의해 왕이 되었기 때문에 반정을 주도했던 박원종, 성희안, 유순정 눈치를 봐야 했다. 경연을 할 때도 세 사람이 자리에서 일어나면 중종이 따라 일어날 정도였다. 왕위에 오른 지 8년 째 되던 무렵 이들이 모두 죽으면서 중종은 새로운 정치를 펼칠 기회를 잡았다. 이에 공신 세력을 견제하려고 사림파인 조광조를 등용했다.

조광조는 중종 신임을 받으면서 성리학 이념에 충실한 이상 사회를 실현하기 위해 개혁 정책을 펼쳤다. 궁중에서 도교 행사를 담당하는 소격서를 미신이라며 폐지했고, 지방에서 향약을 실시했다. 또 학문과 덕행이 높은 사람을 추천받아 시험을 치른 뒤 관리로 뽑는 '현량과'를 실시했다. 경전만 외워서 시험 보는 과거로는 사람 됨됨이를 알 수 없다고 생각했기 때문이다. 이때 뽑힌 관리는 대부분 사림 출신으로 조광조와 함께 개혁 정치를 펼쳐 나갔다.

훈구파는 조광조가 중종반정 때 공을 세운 공신 가운데에 공이 없는 사람을 골라내 받은 상을 박탈하자는 '위훈 삭제'까지 들고 나오자 불만이 더욱 커졌다. 76명이나 위훈 삭제를 당하자 훈구파는 조광조를 제거할 음모를 꾸몄다. 나뭇잎에 꿀로 '주초위왕(走肖爲王)'이라는 글씨를 쓴 다음 벌레가 글자 모양대로 갉아 먹게 했다. 주(走)와 초(肖)를 합하면 조(趙)가 되어, 곧 '조씨가 왕에 오른다.'는 뜻이었다. 조광조가 역모를 일으키려 했다는 증거라며 보여 주자 지나치게 밀어붙이는 개혁에 싫증이 난 중종은 조광조를 귀양 보내고 사약을 내렸다. 또 개혁을 이끌던 사림파도 죽이거나 귀양을 보냈다. 1519년 기묘년에 일어난 이 사화를 '기묘사화'라고 한다.

조광조 죽음으로 개혁 정치도 중단되었다. 중종은 위훈 삭제로 공신에서 제외된 사람을 원래대로 돌려놓고 폐지했던 소격서도 부활시켰다. 다시 반정 공신이 권력을 잡으면서 나라는 부정부패가 심해졌고, 먹고 살기 위해 어쩔 수 없이 도둑이 되는 백성도 늘어났다.

> **탐구하기** '주초위왕(走肖爲王)'은 무슨 뜻인가요?

탐구 3 ▶ 을사사화

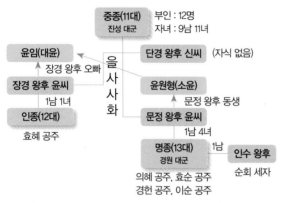

중종은 왕비가 세 명이었다. 첫 번째 왕비는 단경 왕후 신씨였다. 아버지 신수근이 반정을 반대해 죽자, 신씨도 역적 딸이라며 폐위되었다. 두 번째 부인인 장경 왕후 윤씨는 인종을 낳고 엿새 만에 세상을 떠났다. 그 뒤 문정 왕후 윤씨가 왕비가 되었다. 인종이 세자로 책봉되었으나 문정 왕후가 경원 대군을 낳고부터 인종을 지지하는 세력은 장경 왕후 오빠인 윤임을 중심으로 모였고, 경원 대군을 지지하는 세력은 문정 왕후 동생인 윤원형을 중심으로 모였다. 윤임을 지지하는 대윤(大尹)과 윤원형을 지지하는 소윤(小尹)으로 나뉘어 대립했다.

1544년 중종이 사망하자 세자로 책봉된 인종이 왕위에 오르고 대윤이 권력을 잡았다. 인종은 사림파를 등용하고 기묘사화로 희생된 조광조, 김정 등을 복권시키면서 외척 정치를 청산하려 했다. 하지만 왕위에 오른 지 9개월 만에 죽자, 경원 대군이 명종이 되었다.

명종이 왕위에 올랐지만 12살로 나이가 어려 어머니인 문정 왕후가 수렴청정을 했다. 문정 왕후는 동생인 윤원형과 함께 윤임 일파가 명종을 폐하고 새 임금을 추대하려 했다는 역모죄로 몰아 귀양을 보내거나 죽였다. 1545년 을사년에 일어난 이 사화를 '을사사화'라고 한다.

을사사화 2년 뒤에 경기도 과천 양재역에 벽서가 하나 붙었다. '위로는 여왕이 지배하고, 아래로는 간신인 이기가 권력을 휘두르니 나라는 곧 망할 것이다.'라는 내용이었다. 그러자 이 벽서를 빌미로 사림파 가운데 을사사화에서 살아남았던 사람들도 유배시키거나 죽였다.

사림들은 네 차례 사화로 큰 피해를 입고 세력이 약해졌다. 그러나 그들은 지방에 있는 서원과 향약을 기반으로 힘을 모아 선조 때 다시 중앙 정계에 진출했다.

> **도첩제** 승려가 출가했을 때 국가가 허가증을 발급해 신분을 공인해 주던 제도이다.

한편 독실한 불교 신자인 문정 왕후는 조선이 숭유억불 정책을 쓰는데도 승려인 보우를 봉은사 주지로 임명하고 불교를 널리 장려했다. 또 반대를 무릅쓰고 연산군 때 없앤 도첩제를 다시 실시했으며, 다양한 불교 행사를 열었다.

> ● **탐구하기** '을사사화'가 일어난 까닭은 무엇인가요?

해석 1 ~ 중종은 훈구파 음모 때문에 조광조를 버린 것일까?

중종은 훈구파 틈에서 괴로웠다. 반정 공신에 눌려 왕 노릇을 제대로 할 수 없었다. 그래서 반정 세력을 견제하고, 정치를 새롭게 펼 세력을 찾고 있었다. 그때 조광조가 중종 마음을 사로잡았다.

조광조는 임금이 성실히 도를 깨우치고 마음을 잘 다스려 어질게 되면 백성도 도리를 아는 사람으로 거듭날 것이라고 했다. 그래서 조광조는 아침, 점심, 저녁 심지어 밤늦게까지 경연을 열어서 중종을 가르쳤다. 처음에는 중종도 열심히 공부했고 조광조가 하는 말은 무조건 들어주었다. 현량과를 실시하고 향약 보급에도 힘썼으며, 반대했던 소격서 폐지 문제도 결국엔 조광조 뜻대로 허락했다. 하지만 밤낮으로 자신을 가르치고 노력하라고 잔소리하는 조광조가 지겨워지기 시작했다. "며칠 전 경연 때 책 읽는 것을 힘들어 하시던데, 마음공부를 게을리 했기 때문입니다."라고 조광조가 꾸짖기까지 하자 싫증이 났다. 또 자신을 압박해 뜻을 이루려는 조광조와 사림파가 부담스러워졌다.

조광조는 이런 변화를 눈치 채지 못하고 위훈 삭제까지 주장했다. 그동안 무조건 지지를 보내던 중종도 이 문제 앞에서는 주저했다. 공신이 반발하는 것도 염려되었지만 자신을 왕위에 올려준 사람에게 공이 없다고 한다면 왕이 된 것도 잘못이라는 뜻이기 때문이었다. 고민하던 중종이 결국 받아들이긴 했으나 조광조로부터 마음이 멀어졌다. 마침 훈구파들이 '주초위왕' 음모를 꾸미자 중종은 망설임 없이 조광조를 내쳤다.

처음부터 조광조와 중종은 개혁 정치로 얻으려는 것이 서로 달랐다. 조광조는 조선을 성리학으로 도를 깨우친 나라로 만드는 것이었지만, 중종은 조광조를 통해 훈구파를 약화시켜 왕권을 강화하는 것이었다. 반정으로 임금이 쫓겨나는 것을 본 중종에게는 왕권 강화가 가장 중요한 문제였기 때문이다.

조광조가 너무 강해지자 왕권까지 위태롭게 할 거라고 여긴 중종이 훈구파가 꾸민 음모에 따라 기묘사화가 일어나게 했다. 이때 조광조에게 사약을 내리는 것을 본 사관이 '예전에 총애하던 것에 비하면, 마치 두 임금에게서 나온 일 같다.'고 기록할 정도로 중종은 조광조가 죽었을 때 전혀 슬퍼하지 않았다.

> **해석하기** 중종이 조광조를 통해 얻으려고 한 것은 무엇인가요?

해석 2 ◦ 임꺽정은 의적일까? 도적일까?

소설과 드라마를 통해 우리가 보아온 임꺽정은 '의적'이다. 그러나 《명종실록》을 비롯한 역사 기록물은 임꺽정을 약탈과 살인을 서슴지 않는 무리로 기록했다. 그렇다면 역사 속 실제 임꺽정은 의로운 도적이었을까?

임꺽정이 살던 황해도 봉산은 갯벌 지대로 갈대만 무성한 곳이었다. 임꺽정은 갈대로 삿갓이나 그릇을 만들어 팔던 고리백정이었으나 갈대밭을 양반이 차지하고 갈대 값을 내라고 하자 먹고 살 수가 없게 되었다. 결국 백정들을 이끌고 산으로 들어가 도적이 되었다.

> **고리백정** 백정 중 고리버들의 가지 따위를 엮어서 만든 물건인 고리를 만드는 백정을 말한다.

또 흉년까지 여러 해 이어지자 많은 농민도 도적이 되었다. "도적이 성행하는 것은 수령이 가렴주구를 일삼기 때문이며, 수령이 가렴주구를 일삼는 것은 재상이 청렴하지 못한 탓이다. 오늘날 재상이 욕심을 끝없이 부리기 때문에 수령은 백성을 수탈해 권력자를 섬기려 한다. 그런데도 백성은 하소연할 곳이 없으니, 도적이 되지 않으면 살아갈 길이 없다."라고 《명종실록》에 기록될 정도로 권력자가 백성을 가혹하게 수탈했다.

임꺽정은 1559년(명종 14)부터 3년 동안 황해도, 경기도 등지에서 활동했다. 양반과 부자를 습격해 빼앗은 재물을 가난한 사람에게 나누어 주기도 했고, 관아를 습격해 관리를 죽이기도 했다. 3년 넘게 잡히지 않다가 1562년 대대적인 토벌로 구월산에서 체포되었다.

임꺽정이 3년 동안이나 잡히지 않았던 것은 백성이 숨겨 주었기 때문이라고 전해지지만 《명종실록》에는 다르게 적혀 있다. 고발한 백성은 배를 갈라 죽였을 정도로 참혹한 보복을 했다는 기록이 있다. 임꺽정 무리를 신고하지 않은 것은 보복을 두려워했기 때문이다. 임꺽정에 관한 역사는 대부분 도적으로 기록하고 있는데도 의적으로 기억하는 까닭은 무엇일까?

그것은 임꺽정이 탐관오리를 죽이고 관아를 습격하며 관군을 공격하자 폭정으로 살기 힘든 백성들은 의로운 일이라고 여겼기 때문이다. 게다가 임꺽정이 요즘도 의적으로 여겨지게 된 것은 홍명희가 쓴 대하소설 《임꺽정》 때문이다. 사회주의자이자 독립 투사였던 홍명희가 일제에 저항하는 뜻으로 《임꺽정》을 썼는데, 임꺽정을 가난하고 힘없는 사람을 위해 발 벗고 나선 의적으로 그렸기 때문이다.

> ✎ **해석하기** 임꺽정이 의적으로 알려진 까닭은 무엇인가요?

역사 토론

📍 문정 왕후는 악녀일까? 당당한 여성 정치가일까?

토론 내용 역사상 가장 혹독하게 비난받은 왕비는 문정 왕후이다. "윤비(尹妃)는 사직의 죄인이라고 할 만하다.《서경(書經)》목서(牧誓)에 '암탉이 새벽에 우는 것은 집안의 다함이다.'라고 하였으니, 윤씨(尹氏)를 이르는 말이라 하겠다."라고, 당시 실록에 문정 왕후에 대한 평가가 기록되어 있다.

토론 1. 악녀다.

자기 아들인 명종을 왕위에 올리기 위해서 인종을 독살했다는 소문이 있었고 을사사화를 일으켜 많은 사림파를 죽였다. 그러므로 악녀다.

토론 2. 당당한 여성 정치가다.

인종을 독살했다는 것은 야사로 전해지는 이야기일 뿐이다. 실록을 보면 인종은 아버지를 잃은 슬픔에 식사를 제대로 하지 못해 몸이 약해져 죽었다고 되어 있다. 또 을사사화는 권력 싸움에서 일어난 일이다. 태종도 자기 형제를 죽였고, 중종도 죄 없는 사람을 죽였으나 악마라고 부르지는 않는다.

토론 3. 그래도 악녀다.

어린 명종을 왕위에 올린 다음, 수렴청정으로 권력을 마음대로 휘둘렀고 동생인 윤원형이 부정부패를 일삼아도 막지 않았다. 자신을 지켜주는 사람은 간신이어도 높은 관직을 주었다. 부정부패를 부추긴 것이므로 악녀다.

토론 4. 그래도 당당한 여성 정치가다.

명종이 스무 살이 되었을 때 문정 왕후는 수렴청정을 스스로 거두었고 명종이 하는 일에 개입한 적이 없다. 부정부패가 심했던 것은 사실이나 그동안에도 있었던 일이었다. 오히려 문정 왕후는 유교 사상이 지배하는 사회에서 불교를 신봉하고, 수렴청정을 할 때 지나치게 자기주장을 펴는 정치를 했다는 빌미로 부당한 평가를 받았던 것이다. 오히려 조선 시대에 여성 정치가로서 당당한 면모를 보여 준 유일한 사람이었다.

토론하기 문정 왕후는 악녀일까요? 당당한 여성 정치가일까요? 자기 생각을 밝히고, 그 까닭을 쓰세요.

학습 내용 | 정해진 답은 없습니다. 자기 생각을 자유롭게 쓰세요.

● 조광조는 인재를 추천받아 면접으로 뽑는 '현량과' 제도를 과거제 대안으로 내놓았습니다. 인재를 뽑는 방법에 대해 생각해 봅시다.

사회자 : 대학입시전형인 정시와 수시 가운데에서 정시는 수능과 내신 성적만으로 평가하기 때문에 모든 과목을 잘하는 학생에게 유리한 전형입니다. 반면에 수시는 적성과 소질, 발전 가능성 등 다양한 요소를 고려해 대학에서 공부하기 적합한 학생을 뽑습니다.

학생 1 : 저는 수시가 더 좋은 방식이라고 생각합니다. 우리 사촌오빠는 운동을 즐겨하고 나중에 체육 선생님이 되고 싶다고 합니다. 하지만 수학과 영어 점수가 나빠 대학에 들어가기가 어려웠는데 체육특기자로 수시전형에 합격했습니다. 학업 성적이 뛰어난 것도 중요하지만 체육선생님이 되고 싶은 사람에게는 운동을 잘하는 것이 더 중요하다고 생각합니다.

학생 2 : 저는 정시가 더 좋은 방식이라고 생각합니다. 대학입시는 초·중·고교 12년동안 노력한 결실을 맺는 것이라 공정함과 신뢰감이 무엇보다 중요합니다. 수능은 객관적인 점수가 나와 있어서 공정하게 평가할 수 있지만 수시는 주관 평가가 들어가기 때문에 신뢰감을 주기에 부족합니다. 입시 정보에 어두운 사람은 준비를 못해서 불공평합니다.

학생 3 : 저도 정시가 더 낫다고 생각합니다. 수시는 사교육비가 더 많이 듭니다. 과학 특기자로 대학을 가려면 학교에서 배우는 과학 수준으로는 불가능합니다. 따로 학원을 다니던지 과외를 해야 합니다.

학생 4 : 저는 수시가 더 훌륭한 인재를 뽑을 수 있다고 생각합니다. 모든 학생은 각각 다른 재능을 가지고 있습니다. 단순히 성적표만 보고 학생을 평가하면 그 학생이 자기 꿈을 위해 얼마나 많은 시간을 투자했고 열정적으로 노력했는지 알 수 없습니다. 수시는 자기 소개서에 자기 이야기를 담을 수 있기 때문에 노력 과정뿐만 아니라 어려움을 극복하는 태도, 가치관까지 볼 수 있어 학생을 판단하기에 더 적합합니다.

생각열기 대학 입시 전형에서 어떤 방식이 더 합리적이라고 생각하는지 선택하고, 선택한 까닭을 써 보세요.

15 임진왜란과 전후 복구

학습 목표

❶ 임진왜란이 일어난 배경과 과정을 이해할 수 있다.
❷ 임진왜란 때 일어난 의병을 알 수 있다.
❸ 광해군이 실시한 중립 외교 내용을 파악할 수 있다.
❹ 임진왜란 초반 조선이 무기력하게 당한 까닭을 생각해 볼 수 있다.

교과 연계

초등사회 5–2   🔗 **1. 옛사람들의 삶과 문화**
(3) 민족 문화를 지켜 나간 조선

중등역사 2(비상)   🔗 **IV. 조선의 성립과 발전**
(4) 왜란·호란의 발발과 영향

중등역사 2(미래엔)   🔗 **IV. 조선의 성립과 발전**
(4) 왜란·호란의 발발과 영향

중등역사 2(천재)   🔗 **IV. 조선의 성립과 발전**
(4) 왜란·호란의 발발과 영향

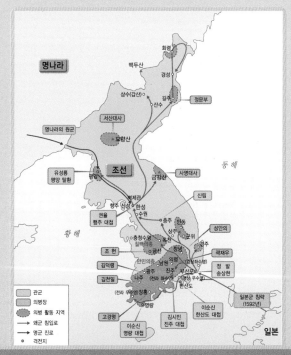

◀ 임진왜란 당시 일본군 침입로와 관군 및 의병장 활동

▲ 임진왜란 당시 학익진 전법

탐구 1 ─ 임진왜란과 정유재란

16세기 말에 들어서자 중국에서는 명나라가 기운을 잃어가고, 만주에서는 후금이 일어나 힘을 키우고 있었다. 일본에서는 도요토미 히데요시가 백여 년에 걸친 전국 시대를 마감시키고 일본을 통일했다. 명나라를 중심으로 한 국제 질서가 무너지고, 후금과 일본이 새로운 세력으로 등장했다.

일본을 통일한 도요토미 히데요시는 정치를 안정시키고, 신하가 된 무사를 약화시켜 자기 권력을 강화하기 위해 대외 전쟁을 일으켰다. 명나라를 치려고 하니 조선이 길을 비켜달라는 '정명가도(征明假道)'를 내세웠으나 조선을 먼저 차지한 다음, 명나라를 치려는 속셈이었다.

1592년 4월 13일, 병력 20여만 명으로 일본이 조선을 침략하면서 임진왜란이 시작되었다. 하루만에 부산진이, 다음날은 동래성이 함락되면서 일본군은 거침없이 북상했다. 충주에서 신립이 패했다는 소식이 전해지자 선조는 조정 대신을 이끌고 북쪽으로 피란을 떠났다. 20일 만에 일본군이 한양을 차지했고, 평양을 향해 북상하자 선조는 명나라에 원병을 청하고 의주로 피란을 갔다. 이때 조정을 둘로 나누는 분조를 단행해 광해군에게 일부를 맡겼다.

육지에서는 관군이 패전을 거듭했지만, 바다에서는 이순신 장군이 옥포 해전을 시작으로 승리를 거두기 시작했다. 그리고 정인홍, 곽재우, 김덕령, 김천일, 고경명, 조헌, 정문부, 사명 대사 등이 전국에서 의병을 일으켰다. 분조를 이끈 광해군도 의병과 관군이 힘을 합쳐 일본군에 맞서 싸우도록 이끌었다.

명나라에서 지원군을 보내자 전열을 정비한 관군과 의병들이 명나라군과 힘을 합쳐 평양성을 되찾고 일본군을 남쪽으로 밀어냈다. 이듬해 2월에는 권율 장군이 행주산성에서 일본군을 물리쳤고, 김시민 장군이 진주성에서 큰 승리를 거두었다.

명나라는 일본과 전쟁을 멈추고 강화 협상에 나섰으나 결렬되고 말았다. 일본은 전열을 재정비해 1597년에 다시 쳐들어왔다. 정유년에 다시 일어난 전쟁이라고 해서 정유재란이라고 부른다. 하지만 이듬해 도요토미 히데요시가 갑자기 죽자 일본군은 조선에서 철수했고 전쟁은 끝났다.

두 차례에 걸친 전쟁으로 조선은 국토가 황폐해져 농사지을 수 있는 땅이 1/3로 줄어들었고, 많은 사람이 목숨을 잃어 인구도 크게 줄었다. 또 경복궁과 불국사를 비롯한 많은 건축물이 불에 탔고, 서적, 도자기, 그림 등 많은 문화재를 약탈당했다. 10만 명이 넘는 사람이 일본에 포로로 끌려갔다.

탐구하기 일본이 조선을 침략하면서 내세운 명분인 정명가도(征明假道)는 무슨 뜻인가요?

탐구 2 ↝ 이순신과 한산도 대첩

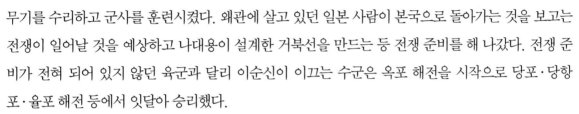

1545년 서울에서 태어난 이순신은 32살 때 무과에 급제해 관직에 나갔다. 충청도, 전라도, 함경도 등을 옮겨 다니며 공을 세운 이순신은 47살에 전라좌수사가 되었다.

전라좌수영이 있는 여수로 간 이순신은 군사 시설, 배와 무기를 수리하고 군사를 훈련시켰다. 왜관에 살고 있던 일본 사람이 본국으로 돌아가는 것을 보고는 전쟁이 일어날 것을 예상하고 나대용이 설계한 거북선을 만드는 등 전쟁 준비를 해 나갔다. 전쟁 준비가 전혀 되어 있지 않던 육군과 달리 이순신이 이끄는 수군은 옥포 해전을 시작으로 당포·당항포·율포 해전 등에서 잇달아 승리했다.

적함 70여 척이 견내량에 들어갔다는 정보를 들었으나, 거제도와 통영만 사이에 있는 견내량은 비좁아서 해전을 벌이기가 불리하자 일본군을 한산도 앞바다로 유인했다. 이억기가 이끄는 전라 우수영, 원균이 이끄는 경상우수영 군대와 힘을 합쳐 학익진을 펼쳤다. 한산도가 자리 잡은 거제도와 고성 사이 바다는 섬으로 둘러싸여 있어서 빠져나가기가 어려운 곳이었다. 한산도 대첩에서 일본 배 47척을 격파했다. 패배한 일본군은 조선 수군과 전투를 피하고 숨어있기만 했다. 잇달아

> **학익진** 학이 날개를 펼친 모양으로 전투선을 배치한 다음 거북선이 적진으로 돌격해 적군을 혼란에 빠뜨리면 전투선들이 포를 발사하며 치고 들어가는 전법이다.

공을 세우자 선조는 이순신을 충청도, 전라도, 경상도를 아우르는 삼도수군통제사에 임명했다.

명나라와 일본 사이에 화친 협상이 깨지고 정유재란이 일어나자, 선조는 일본이 낸 꾀에 속아 이순신을 파면하고 백의종군시켰다. 하지만 이순신을 대신한 원균이 칠천량 해전에서 패배하자 다시 삼도수군통제사가 되었다. 조정에서 수군을 없애고 육군에 합치라고 했으나 '신에게는 아직 배 12척이 있고, 신이 있는 한 적이 우리를 함부로 하지 못할 것입니다.'라는 장계를 올린 다음, 남아 있는 배를 모으고 수군을 정비했다. 두려움에 떨고 있는 조선 수군을 향해 '죽고자 하면 살 것이고, 살고자 하면 죽을 것이다.'라며 사기를 끌어올렸다. 명량 해전에서 13척 밖에 안 되는 수군을 이끌고 수백 척에 이르는 일본군을 무찔러 해상권을 장악했다.

이순신은 도요토미 히데요시가 죽자 물러가는 일본군을 그냥 돌려보낼 수 없다며 맞서 싸운 노량 해전에서 총탄에 맞아 생을 마감했다.

> **탐구하기** 이순신이 한산도 대첩을 승리로 이끈 전법은 무엇인가요?

탐구 3 ➡ 스스로 일어나 전세를 뒤집은 의병

부산진에서 정발 장군이, 동래성에서 송상현 장군이, 충주성에서 신립 장군이 맞서 싸웠지만 패하였다. 군사 훈련도 제대로 받지 못하고 창과 활뿐인 조선군은 조총이라는 신식 무기로 무장한 일본군에게 상대조차 되지 않았다.

관군은 패해서 후퇴만 거듭했으나 정인홍, 곽재우, 사명 대사, 정문부, 고경명, 조헌, 김천일, 김덕령 등이 각 지방에서 의병을 일으켰다. 전쟁이 일어난 지 열흘 만에 경상도 의령에서 노비 10여 명을 이끌고 의병을 일으킨 곽재우는 붉은 옷을 입고 일본군을 무찔러 홍의 장군이라고 불렸다. 의령, 삼가에서 모인 백성과 함께 정암진 전투에서 큰 승리를 거두었다. 조헌이 이끈 의병 부대는 승병과 함께 1592년 8월 청주성을 되찾았다. 금산에서 조헌과 의병 모두 목숨을 잃었지만, 일본군도 큰 타격을 입고 전라도로 쳐들어가는 것을 포기했다. 서산 대사와 사명 대사가 이끈 승병도 큰 활약을 했다. 스스로 일어난 의병이 승리하면서 일본군은 힘을 잃었고, 전쟁은 조선에 유리한 방향으로 바뀌었다.

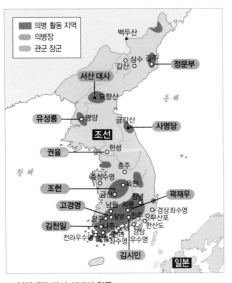

▲ 임진왜란 당시 의병의 활동

많은 백성이 도망치지 않고 일본군과 맞서 싸운 것은 나라가 망할지도 모른다는 위기감과 내 가족, 내 마을을 지키겠다는 마음 때문이었다. 의병은 정식 군인은 아니었지만 지리에 익숙한 점을 이용해 일본군에게 승리를 거두었다. 이것은 일본군이 진격하는 속도를 늦추어 관군이 전열을 가다듬을 수 있는 시간을 마련해 주었다. 또 일본군에게 계속 패배만 해 의욕이 떨어져 있던 관군에게 사기를 북돋워 주었다.

1597년 정유재란 때도 의병이 일어났다. 남원에서는 의병이 모두 전사하는 등 많은 피해를 입기도 했지만, 의병이 있었기에 나라를 지킬 수 있었다. 임진왜란 때 일어난 의병은 나라가 위기에 빠졌을 때 진정으로 나라를 걱정하고 지키는 것은 이름 없는 백성이라는 것을 잘 보여주고 있다.

탐구하기 임진왜란 때 일본군과 싸우기 위해 일어난 의병이 한 역할은 무엇인가요?

탐구4 ● 전후 복구와 중립 외교

　선조는 왕비인 의인 왕후에게서 자식을 얻지 못했고, 후궁인 공빈 김씨에게서 임해군과 광해군을 얻었다. 임진왜란이 일어나자 다급해진 선조는 큰 아들인 임해군은 왕이 될 재목이 아니라며 광해군을 세자로 삼았다.

　1600년에 의인 왕후가 죽고 난 뒤 선조는 새 왕비로 인목 왕후를 맞이해 영창 대군을 낳았다. 선조가 영창 대군을 세자로 책봉하려 하자, 광해군은 세자 자리가 위태로워졌다. 그러나 영창 대군을 세자로 세우지 못하고 선조가 죽자, 1608년에 광해군이 15대 임금으로 즉위했다.

　광해군은 임진왜란으로 입은 피해를 복구하고 민심을 안정시키려 했다. 《동의보감》을 편찬해 보급했고, 세금 내는 부담을 덜어주기 위해 경기도에 대동법을 실시했다. 또 농지를 개간해 농업 생산량을 늘렸다.

　한편 힘을 키운 후금이 명나라에 전쟁을 선포하자 명나라는 조선에 후금을 공격할 원군을 보내라고 했다. 임진왜란 때 명나라가 도와주지 않았다면 조선이 망했을 것이니, 은혜에 대한 보답으로 명나라 요구를 들어주어야 한다는 주장이 들끓었다. 그러나 광해군은 명나라가 후금을 이기지 못할 것이라고 여겼다. 명나라를 돕지 않을 수 없는 것과 새롭게 성장하고 있는 후금을 적으로 삼을 수도 없는 상황에서 고민했다.

　결국 강홍립을 도원수로 삼아 지원군을 보내며 명나라를 지원하되 적극 나서지는 말고 상황에 따라 잘 대처하라고 당부했다. 전쟁에 나간 강홍립은 이미 명나라가 후금에게 상대가 되지 않는다는 것을 알고 후금과 싸우는 척하다가 항복했다. 명나라 요구 때문에 파병했을 뿐이지 후금과 싸울 생각이 없다고 했다. 명나라 요구도 들어주면서 후금과도 싸우지 않은 중립 외교는 조정에서 반발을 일으켰지만 조선이 전쟁에 휩쓸리지 않게 만든 실리 외교였다.

　　탐구하기　**1.** 왕이 된 광해군이 나라를 안정시키기 위해 펼친 정책에는 어떤 것이 있나요?

_____

_____

2. 명나라와 후금 사이에서 광해군이 선택한 외교 정책은 무엇인가요?

_____

해석 ∘ 임진왜란 초반 조선이 무기력하게 당한 까닭은?

1592년 4월 13일 임진왜란이 발발했다. 임진왜란이 일어난 지 20일 만에 한양을 빼앗기고, 2달 만에 평양성마저 빼앗겼다. 임금 선조는 평양을 거쳐 의주까지 피란을 갔다. 조선이 세워진 지 2백년 만에 일어난 전쟁에서 왜 그렇게 무기력하게 당했을까?

💡 첫째, 그동안 큰 전쟁이 없었기 때문이다.

1392년 조선이 세워지고 난 뒤 2백 년 동안 큰 전쟁이 없었다. 그러니 일어나지도 않을 전쟁을 대비해 많은 예산이 들어가는 군사를 키우고 무기를 만드는 일을 할 필요가 없었다. 그나마 유지하고 있던 군사도 훈련이 제대로 되지 않았고 기강은 해이해졌다.

💡 둘째, 명나라에 의존했기 때문이다.

조선은 건국 초기부터 세력이 강하고 큰 나라는 받들어 섬기고 이웃나라와는 대등한 입장에서 사귀어 나라를 안정시킨다는 '사대교린'을 기본 외교 방침으로 유지해 왔다. 명나라를 형님 나라로 섬기며 친하게 지내면 다른 나라가 쳐들어오지 않을 것으로 생각했다. 또 전쟁이 일어나더라도 명나라가 도와줄 것이라고 믿었기 때문에 문제가 되지 않는다고 여겼다.

💡 셋째, 일본을 한 수 아래로 보았기 때문이다.

조선은 일본을 문화를 비롯한 여러 가지 면에서 뒤떨어진 나라로 여겼다. 그래서 조선을 침략하지 않을 것이라 여기고 방비를 게을리했다. 사신으로 다녀온 황윤길이 일본이 전쟁 준비를 하고 있다고 보고했지만, 일어나지도 않을 전쟁 대비로 나라를 혼란에 빠트릴 수 있다며 받아들이지 않았다. 또 오랜 내전을 겪었기 때문에 쳐들어 올 힘이 없다고 판단했다.

일본군은 예상과 달리 강해 전쟁 초반 위기에 빠졌다. 하지만 이순신이 이끄는 수군이 승리하고 각지에서 의병이 일어나 일본군을 공격하자, 일본군은 전세가 꺾였다. 명나라 원군과 힘을 합친 육군은 평양성을 되찾고, 한양을 수복하는 등 전세를 바꾸어 나갔다.

> **해석하기** 임진왜란 초반 조선이 무기력하게 당한 까닭은 무엇인가요?

역사 토론

📍 조선은 임진왜란에서 승리했을까? 패배했을까?

토론 내용 임진왜란이 끝난 뒤 국토는 황폐해졌고, 인구도 줄었다. 또 많은 문화재를 일본에게 약탈당했다. 일본군은 물러갔으나 이 땅에 남은 것은 혼란과 고통뿐이었다. 과연 조선은 일본과 치른 전쟁에서 승리한 것일까?

토론 1. 조선은 승리했다.

많은 피해가 있었지만 나라를 빼앗기지 않았으므로 조선이 승리한 것이다. 전쟁은 결과가 중요하기 때문이다.

토론 2. 아니다. 조선은 패배했다.

나라를 빼앗기지는 않았지만 얻은 것이 아무것도 없다. 망가진 국토와 굶주린 백성, 파괴된 집만 있을 뿐이었다. 많은 문화재를 약탈당하고, 많은 사람이 포로로 끌려갔지만 조선이 얻은 것은 아무것도 없으니 패배한 것이다.

토론 3. 그래도 조선은 승리했다.

육지에서는 의병이 활약해 일본군을 궁지에 몰고, 바다에서는 수군이 일본군 보급로를 차단하였다. 이는 조선을 승리로 이끈 힘이 되었다. 영토를 지켰고, 왕조를 이어갈 수 있었기 때문에 조선은 승리한 것이다.

토론 4. 아무리 그래도 조선은 패배했다.

일본군이 물러간 것은 도요토미 히데요시가 갑작스럽게 죽었기 때문이지 전쟁에 졌기 때문이 아니다. 조선이 군사력으로 일본군을 몰아낸 것이 아니기 때문에 조선이 승리했다고 할 수 없다.

토론하기 조선은 임진왜란에서 승리했을까요? 패배했을까요? 자기 생각을 밝히고, 그 까닭을 쓰세요.

❷ 임진왜란 때 원군으로 온 명나라 군대는 조선을 돕기도 했지만 많은 피해를 입히기도 했습니다. 일제로 부터 해방 뒤 우리나라에 들어온 미군도 도움을 주었지만 피해를 입히기도 했습니다. 그 피해 사례들에 대해 생각해 봅시다.

주한미군 지위에 관한 협정 : 소파(SOFA) 협정

　　정식 명칭은 '대한민국과 아메리카 합중국 사이에 상호 방위 조약 제4조에 의한 시설과 구역 및 대한 민국에서 아메리카 합중국 군대 지위에 관한 협정'으로 줄여서 SOFA(Status of Forces Agreement) 협정이라고 부른다. 미군이 범죄를 저지르면 한국이 1차 재판을 하지만 미국이 재판권을 포기하라고 요청하면 범죄자를 미국에 넘겨주어야 했다. 이것은 미군 범죄를 우리나라가 처벌을 할 수 없는 원인이 되었다.

　📍 **사례 1** 2002년 6월 13일 경기도 양주시 광적면 효촌리 56번 지방도로에서 이동 중이던 장갑차가 갓길을 걷고 있던 중학생 신효순, 심미선 양을 깔고 지나가 두 명 모두 그 자리에서 숨졌다. 미군은 미 군사 법정에서 관제병과 운전병 두 명 모두에게 무죄를 판결했다. 그러자 두 여중생을 추모하고 'SOFA 협정을 개정하라.'며 국민들이 촛불을 들고 일어났다. 이때 처음으로 촛불을 드는 시위 문화가 시작되었다. 미군은 뒤늦게 사고 차량이 소속된 중대장, 선임하사, 소대장, 소대 선임하사 등 훈련 지휘관 4명에게 잘못을 말로 꾸짖기만 하는 견책 징계를 내렸다.

　📍 **사례 2** 최근 반환되고 있는 미군기지 환경오염은 상상을 초월한다. 환경오염을 모두 치유했다는 미군측 주장과 달리 땅은 기름으로 오염되어 있었다. 지난 2005년 5월 30일 당시 한국과 미국 양국은 소파 합동 위원회 특별 회의를 열어 '환경오염 조사 치유 합의서'와 '훈련 안전 조치 합의서'에 각각 서명했다. 미군기지에 대한 환경오염 조사를 사전에 실시해, 오염 사실이 발견될 경우 미군측이 복구 비용을 부담하기로 했으나, 우리나라 정부는 59개 반환 대상 기지 가운데 23곳을 그대로 넘겨받았다. 또 나머지 36개 미군기지에 대한 환경 치유 비용 역시 우리나라가 떠안게 되었다.

✂️ **생각열기**　위에서 설명한 사례 1, 사례 2에 대한 자기 의견을 써 보세요.

16 인조반정과 병자호란

학습 목표

❶ 정묘호란을 알 수 있다.
❷ 병자호란이 일어난 원인과 과정을 파악할 수 있다.
❸ 인조반정이 정당한 것인지를 생각해 볼 수 있다.
❹ 효종이 진행한 북벌 정책을 이해할 수 있다.

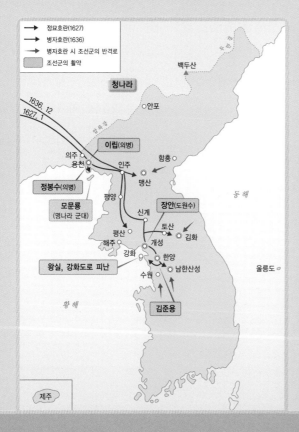

◀ 병자호란 때 조선군 활약

▲ **삼전도비**(서울 송파구) 조선이 청나라 태종에게 항복한 후에 그의 요구에 따라 세운 기념비(1639년, 인조 17년)이다. 정식 명칭은 〈대청 황제 공덕비〉이다.

탐구 1 ─ 인조반정과 정묘호란

광해군이 명나라와 후금 사이에서 균형 있는 중립 외교를 펼치고 자신을 지지하는 대북파 세력만 중요한 자리에 앉히자 권력에서 멀어진 서인 세력은 위기를 느꼈다. 결국 광해군이 역모를 일으키려 했다며 영창 대군을 강화도로 유배 보내 죽게 하고 인목 대비를 서궁에 가두자, 1623년 서인이 들고일어났다. 동생을 죽이고 어머니를 내쫓은 패륜아라며 김유, 이귀 등이 광해군 조카인 능양군을 받들어 반란을 일으켰다. 광해군을 내쫓고 인조를 왕으로 세우는 데 성공했다. 이를 인조반정이라고 한다.

정권을 잡은 서인 세력은 도리를 지켜야 한다는 유교 명분을 중요하게 여겼다. 그래서 중립 외교 방침을 깨고 임진왜란 때 명나라가 군대를 보내 나라를 다시 일으켜주었다는 논리를 내세워 명나라를 섬기고 후금을 멀리하는 '친명배금 정책'을 썼다.

그런데 인조반정에서 큰 공을 세운 이괄이 제대로 상을 받지 못하고 중앙 관직에서도 밀려나자 군대를 이끌고 반란을 일으켰다. 인조는 공주까지 피란을 갔고 한양을 점령한 이괄은 광해군 이복 동생인 홍안군을 새 임금으로 세웠다. 그러나 반격해온 관군에 패해 도망치다가 부하에게 죽임을 당했다. 반란이 진압된 뒤 후금으로 도망친 잔당이 억울하게 폐위된 광해군 원수를 갚아 달라고 했다.

1627년(인조 5) 정묘년에 후금은 친명 배금 정책에 반발해 쳐들어왔다. 이를 정묘년에 오랑캐가 쳐들어왔다는 뜻으로 '정묘호란'이라고 한다. 광해군 원수를 갚는다는 명분을 내세웠으나 명나라와 전쟁을 벌이게 되면서 물자를 구하던 무역이 끊어진 후금이 조선과 교역을 여는 데에 목적이 있었다.

후금군은 평안도 의주를 거쳐 황해도 평산까지 거침없이 밀고 내려왔다. 용골 산성과 의주 지방에서 정봉수 등이 의병을 조직해 맞섰으나 막아 낼 수는 없었다. 전세가 불리해지자 조선 조정에서는 항복하자는 주장이 일어났다. 명나라로 쳐들어가려는 후금도 조선과 전쟁을 벌이느라 국력을 낭비할 필요가 없었다. 조선과 후금은 형제국이 되기로 약속하고 전쟁을 끝냈다. 그러나 조선은 후금을 여전히 오랑캐라 여기며 무시했다. 볼모로 보내기로 한 왕자 대신에 왕실 종친을 보냈고, 예물을 바치기로 한 약속도 제대로 지키지 않았다.

> **탐구하기** 1623년 김유, 이귀 등이 광해군을 쫓아내고 능양군을 왕으로 받든 사건은 무엇인가요?

탐구 2 ― 병자호란

　정묘호란이 끝난 뒤 후금은 조선에 해마다
많은 물자를 바치라고 요구했고, 국경에 세운
무역 시장에 조선 포로를 데리고 와서 물자와 바꾸자고 했다.
또 후금은 도망친 조선 포로를 되돌려 보내라고 했으나 조선에서는
보내지 않으려 해서 마찰을 빚었다.

　요서 지방과 내몽골 지방으로 세력을 넓히고 힘을 키운 후금은 나라 이름
을 '청'으로 바꾸었다. 청나라는 형제 관계를 임금과 신하 사이인 '군신 관계'로 바꾸고 물자도 더 많이
요구했다. 그러자 조선 조정에서는 외교로 문제를 해결하자는 주화론과 청나라와 전쟁을 벌이더라
도 굴복하지 말자는 주전론으로 나뉘어 서로 다투었다. 시간이 지나면서 인조가 주전론으로 기울자
조선 조정은 청나라 요구를 모두 거절했다.

　중국 땅을 차지하기 위해 명나라로 쳐들어가려던 청나라는 뒤에 있는 조선을 먼저 쳐서 불안을 없
애려고 했다. 1636년 병자년에 청나라군이 쳐들어왔다. 이를 '병자호란'이라 한다.

　임경업이 지키고 있던 백마산성을 지나쳐서 남쪽으로 밀고 내려온 청나라군은 보름이 채 되기 전에
개성까지 들어왔다. 왕자와 왕실 가족을 강화도로 먼저 보내고 임금과 세자도 따라가려 했으나 청나
라군이 김포 쪽을 점령하자 길이 막혀 버렸다. 어쩔 수 없이 인조와 세자는 남한산성으로 들어갔다.

　하지만 남한산성은 전쟁을 치를 준비가 되어 있지 않았다. 임금을 구하러 군대가 오기도 했으나 청
나라군에게 패해서 흩어지고 말았다. 청나라군이 남한산성을 완전히 포위하고, 모든 길을 막아버리
자 갇힌 처지가 된 임금은 전쟁을 제대로 치를 수가 없었다. 남한산성에서도 최명길을 중심으로 한 주
화파는 이길 수 없는 전쟁이므로 백성이 희생되는 것을 막아야 한다며 화친을 주장했다. 김상헌, 윤집을
비롯한 주전파는 화친은 곧 항복이라며 싸워야 한다고 주장했다.

　그러나 혹독한 추위로 많은 군사가 얼어 죽고, 식량이 부족해졌다. 강화도마저 청나라군에게 함락
되자 더 이상 버티지 못했다. 45일 만에 남한산성에서 나온 인조는 삼전도에서 청 태종에게 세 번 무
릎을 꿇어 절하고 아홉 번 머리를 조아리는 삼배구고두(三拜九叩頭)를 하며 항복했다. 그리고 소현 세
자, 봉림 대군과 김상헌을 비롯한 많은 대신이 볼모로 갔고, 수많은 백성이 포로로 끌려갔다.

　탐구하기　청나라는 조선에 형제 관계를 어떤 관계로 바꾸자고 요구했나요?

탐구 3 ◦ 효종과 북벌 정책

청나라에서 돌아온 소현 세자가 몇 달 만에 병으로 죽자 봉림 대군이 인조에 이어 왕위에 올라 효종이 되었다. 청나라에서 볼모로 지내며 원한을 키운 효종은 즉위하자마자 북벌 계획을 세웠다.

청나라를 따르는 세력을 모두 몰아낸 효종은 도성을 지키는 부대인 어영청을 북벌 선봉으로 삼기 위해 이완을 어영대장으로 삼고 남한산성에 자리 잡게 해 한성 둘레를 더욱 든든하게 지키려고 했다. 임금을 호위하는 금군은 말을 타는 기병 부대로 만들었고, 군사 수도 6백여 명에서 1천여 명으로 늘려 강력한 군대로 만들었다. 또 네덜란드 사람인 하멜이 제주도에 표류해 오자 훈련도감에 배속시켜 조총을 만들게 했고, 조총으로 무장한 군대도 훈련시키게 했다.

▲ 나선 정벌

이 무렵 러시아가 헤이룽강 지역으로 밀고 내려오자 청나라가 조선에 군대를 보내 달라고 했다. 1백여 명으로 된 조선군 조총 부대는 청나라군과 함께 러시아군을 몰아냈다. 이를 '1차 나선 정벌'이라고 한다. 얼마 뒤에 러시아군이 다시 침입하자 청나라가 조선에 다시 파병을 요구했다. 이때 조총 부대 2백여 명을 보냈다. 조선군은 러시아 군함 10여 척을 불태우는 등 큰 공을 세웠다. 이를 '2차 나선 정벌'이라고 한다.

조선이 군대를 늘리는 것을 청나라가 금지하고 있었으나 두 번에 걸친 나선 정벌을 기회로 효종은 산성을 정비하고 북벌 정책을 더욱 강하게 밀고 나갔다. 하지만 백성이 고통 받는다며 문신 세력이 북벌에 반발했고, 재정도 어려워져서 북벌 준비는 번번이 중단되었다. 전쟁으로 농토가 줄어들었고, 전쟁 피해를 복구하느라 농사 지을 사람도 부족했다. 군대에 나라 살림을 쏟아 붓느라 백성들 살림은 어려워졌다. 효종은 이 문제를 해결하기 위해서 충청도와 전라도 지역에 대동법을 확대 실시해 백성이 내는 세금 부담을 줄여 주었다. 그러나 국방을 강화해도 북벌 기회는 오지 않았다. 시간이 흐를수록 청나라는 조선이 따라갈 수 없을 만큼 큰 나라가 되어 버렸다. 두 나라 사이에 국력 차이가 커진 만큼 북벌에 대한 꿈도 멀어졌다. 결국 효종이 세상을 떠나자 북벌론도 사라졌다.

◯ 탐구하기 효종이 청나라 요청으로 조총 부대를 보내 러시아군과 싸웠던 사건은 무엇인가요?

해석 1 ⟶ 엇갈린 두 형제, 소현 세자와 봉림 대군

인조가 청 태종에게 항복하며 병자호란이 끝나자 소현 세자와 봉림 대군은 청나라로 끌려갔다. 그들은 만주에 있는 청나라 수도인 심양에서 볼모 생활을 했다.

소현 세자는 명나라를 멸망시키고 중국 대륙을 통일한 후 점점 강해지는 청나라를 보며 국제 관계 속에서 청나라와 조선이 큰 차이가 난다는 것을 깨달았다. 청나라는 동아시아를 지배하는 큰 나라이고, 조선은 작은 나라일 뿐이라는 것과 청나라가 이끌어가는 시대를 뒤따라가는 처지일 뿐이라는 것을 알게 되었다. 강력한 청나라를 그대로 인정하며 변화하는 세계정세를 배워서 받아들이려고 했다. 아울러 힘이 없는 조선이 청나라에 맞서는 것은 어리석은 일이므로 전쟁보다는 먼저 실력을 길러야 한다고 생각했다.

1644년 청나라가 북경으로 수도를 옮길 때 따라간 소현 세자는 독일 사람인 아담 샬 신부를 만나 더 큰 세상을 보게 되었다. 서양 역법과 과학 지식, 그리고 천주교를 알게 되었다. 또 유목민인 만주족이 정착 생활을 하게 되면서 필요해진 물건을 사고팔아 많은 이익을 얻었다. 그 돈으로 땅을 사서 농장을 만들고, 포로로 잡혀와 노예가 된 조선 사람을 데려와 살게 했다. 청나라 관리와도 사이좋게 지내며 청나라가 조선에 무리한 요구를 하지 못하도록 막는 역할도 했다.

한편 봉림 대군은 패전국 왕자라며 청나라 사람으로부터 멸시를 받자 삼전도에서 겪은 치욕을 되새기며 복수할 마음을 더욱 굳게 먹었다. 서양 문물을 받아들이면서도 소현 세자와는 전혀 다른 생각을 했다. 청나라를 무너뜨릴 방법을 찾으려고만 했다.

1645년 소현 세자와 봉림 대군이 8년 만에 조선으로 돌아왔다. 《천주실의》와 자명종을 가지고 온 소현 세자는 조선이 서양 문물을 받아들여 나라를 발전시켜야 한다고 주장했다. 그러나 인조는 소현 세자가 청나라에서 쌓은 인맥과 서양 문물로 나라를 발전시킨다는 명분을 앞세워 왕위를 노린다고 생각했다. 인조는 소현 세자가 내세우는 주장을 받아들이지 않았다. 소현 세자가 청나라에서 돌아온 지 석 달 만에 병으로 갑자기 죽자 봉림 대군이 세자가 되었고 인조를 이어 효종이 되었다.

> 해석하기 소현 세자와 봉림 대군이 청나라를 다르게 생각한 까닭은 무엇인가요?

해석2 ☞ 북벌은 가능한 정책이었나?

북 벌

청나라는 병자호란을 일으켜 조선 땅을 황폐화시켰을 뿐만 아니라 수십만 명이나 되는 백성을 포로와 인질로 잡아갔다. 함께 볼모로 간 봉림 대군은 발전된 청나라 모습에 주눅 들지 않고 복수를 해야겠다고 결심했다.

왕위에 오른 효종은 병자호란에서 당한 치욕을 되갚아야 한다는 글을 올린 송시열을 비롯해 병자호란 때 항복하지 않으려 한 사람을 대거 등용했다. 하멜을 훈련도감에 배속시켜 만든 조총으로 든든한 군대를 만들었다. 1654년과 1658년에 러시아군을 물리친 나선 정벌은 수가 많지 않은 조선군도 충분히 승리할 수 있다는 것을 보여 주었다. 북벌이 꾸준히 추진되어 군사가 더욱 많아지고, 훈련도 더 잘 되었다면 청나라군도 무찌르고 병자호란 때 당한 치욕을 갚을 수 있었을지도 모른다.

그러나 전쟁은 군인만으로 할 수 없다. 군량을 비롯해서 군대를 유지하는 데는 엄청난 돈이 든다. 조선은 임진왜란과 병자호란에서 입은 피해를 복구하지 못해 많은 군대를 거느릴 경제력이 없었다. 농사지을 땅이 줄어들었기 때문에 아무리 세금 제도를 개선해도 나라 살림이 좋아지지 않았다. 조정을 손아귀에 쥔 서인 세력은 효종이 국방을 핑계로 왕권을 강화하려는 것이라 여겼다. 무리한 군대 양성으로 백성이 고통 받는다며 반대하고 나섰다.

또 전쟁에 필요한 물자를 독점해서 큰 이익을 챙기는 무리도 많았다. 북벌에 찬성하는 척하면서 자기 이익만 얻으려는 사람이 많았으므로 북벌은 실행되지 못했고, 백성이 받는 고통만 점점 심해졌다. 그리고 전쟁은 상대를 꺾을 가능성이 있을 때 일으킬 수 있는데, 청나라는 조선이 아무리 노력해도 따라잡기 힘든 큰 나라가 되었다. 군대도 나라 살림도 청나라를 꺾을 수 있는 규모가 될 수 없는데도 효종은 북벌이라는 꿈을 이루려고 무리한 정책을 펼쳤던 것이다.

앞에서는 임금 비위를 맞추려고 북벌을 찬성하면서도 뒤로는 자기 이익만 보려는 신하 사이에서 아무리 임금 혼자 발버둥 쳐도 이룰 수 없는 꿈에 불과했다.

> **해석하기** 효종이 군대를 양성해 북벌을 추진하려 한 까닭은 무엇인가요?

역사 토론

📍 인조반정은 반정일까, 반란일까?

[토론 내용]　서인 세력이 광해군을 폭군이라며 몰아내고 왕으로 인조를 받든 것을 '인조반정'이라고 한다. '반정(反正)'이란 잘못된 체계를 바로잡아 올바른 질서로 되돌린다는 뜻이다.

[토론] 1. 반정이다.

　서인 세력이 인조반정을 일으키며 내건 명분은 어머니를 폐하고 형제를 죽인 패륜 행위이다. 명분과 의리를 내세우는 사대부에게 광해군이 저지른 패륜 행위는 용서할 수 없는 일이었다. 친형인 임해군과 이복동생인 영창 대군을 죽였으며, 인목 대비를 가둔 것은 비난받을 만하다.

[토론] 2. 아니다. 반란이다.

　조선 시대 임금 가운데에는 정적을 몰아내기 위해서 피바람을 일으킨 경우가 많았다. 태종은 왕자의 난을 일으켜 이복동생을 죽이고 왕이 되었으며, 세조는 조카인 단종을 죽였다. 권력을 잡기 위해 상대방을 죽이지 않으면 자신이 죽을 수밖에 없는 것이 정치이다. 그러므로 정권을 다투는 과정을 두고 폭군이라 비난해서는 안 된다.

[토론] 3. 그래도 반정이다.

　임진왜란 때 명나라가 도와주지 않았다면 조선은 망했을 것이다. 은혜에 보답하는 의미에서라도 명과 맺은 의리는 끝까지 지켜야 한다. 그런데 광해군은 명나라를 배신하고 오랑캐인 후금을 섬겼다. 그를 몰아내고 나라를 바로잡은 것이므로 반정이다.

[토론] 4. 아무리 그래도 반란이다.

광해군이 실리를 중요하게 여긴 중립 외교로 얻은 평화 덕분에 나라가 안정을 찾고 피해를 복구할 수 있었다. 그런데 인조반정으로 평화가 깨지고 말았다. 나라를 위한다는 명분을 앞세운 반정은 권력을 잡으려는 반란일 뿐이다.

[토론하기]　인조반정은 정당한 것이었나요? 아니면 정권을 잡기 위한 반란이었나요? 자기 생각을 밝히고, 그 까닭을 쓰세요.

역사 에 비추어 보는 오늘

학습 내용 | 정해진 답은 없습니다. 자기 생각을 자유롭게 쓰세요.

❍ 다음 글을 읽고, 최고 권력자가 결정한 외교 정책이 얼마나 중요한 영향을 미치는지 생각해 봅시다.

> 광해군이 처했던 상황은 2003년 이라크 파병을 위해 고민했던 노무현 대통령과 매우 비슷하다. 광해군이 '어쩔 수 없는 상황'에서 파병해 조선이 얻을 수 있는 국익을 최대한 취했듯이 노무현 대통령도 국익을 최대한 취하는 실리 외교를 택한다고 했다. 파병 결정이 한미 동맹 관계와 북한 핵 문제 해결에 도움을 준다고 판단했기 때문이다.
>
> 언론은 우리나라 경제가 발전한 것은 베트남 전쟁에 파병한 덕분이라며 이라크 파병도 큰 도움이 될 것이라는 보도를 했다. 이라크도 베트남처럼 전쟁이 끝나면 재건 사업을 하게 될 것이므로 군대를 보낸 우리나라가 많은 기회를 얻을 수 있을 것이라는 막연한 기대를 품었다. 다른 나라 전쟁에 우리 젊은 이를 보내서 피 흘리게 할 수 없다는 시위가 전국에서 일어났으나 파병은 결정되었다.
>
> 하지만 이라크에 대량 살상 무기가 있다는 미국 주장은 거짓임이 드러났고, 사담 후세인 이라크 대통령을 사형시키는 목적만을 달성했을 뿐이다. 이라크 재건 사업에 참여한 우리나라 기업도 거의 없으며 우리나라 경제에도 별 도움이 되지 않았다. 미국과 동맹이 굳건해진 것도 아니고 북한 핵 문제가 해결되지도 않았다. 우리 이익을 위해서 다른 나라 전쟁에 끼어드는 일이 얼마나 추악한 일인지 알게 되었을 뿐이다.

✂️ **생각열기** 다른 나라에서 일어나는 전쟁에 우리나라 군대를 보낼 때 가장 중요하게 생각해야 하는 것은 무엇일까요?

학습 가이드 & 예시 답안

01 고려, 기틀을 다지다

탐구 1 후삼국 통일 뒤 왕건이 펼친 정책

탐구하기 민족 융합 정책, 북진 정책, 숭불 정책

탐구 2 왕권을 강화시킨 광종과 성종

탐구하기 •광종: 독자 연호 사용, 노비안검법, 과거제, 사색 공복제 실시

•성종: 12목 설치와 지방관 파견

탐구 3 토지, 조세 제도와 중앙 정치 기구

탐구하기 •도병마사: 국방과 군사 문제 논의

•식목도감: 왕이 내린 명령이나 정책을 법으로 정리

해석 1 왕건이 부인을 29명이나 둔 까닭은?

해석하기 왕건이 부인을 29명이나 맞이한 까닭은 전국에 퍼져 있는 힘 있는 호족들을 자기편으로 만들어 나라를 안정시키기 위해서였다.

해석 2 노비안검법과 과거제 실시가 왕권 강화에 도움이 되었나?

해석하기 노비안검법이 실시되자 호족들이 불법으로 편입한 노비들은 해방되어 양인이 되었다. 그러자 호족 세력은 약화되고 나라는 재정 수입이 늘어나면서 왕권이 강화되었다. 또 과거제가 실시되면서 시험을 보기 위해 유교 경전을 공부해야 했고 임금이 합격자를 결정했다. 그러자 임금에 대한 충성심이 강한 신하들이 많아져 왕권이 강화되었다.

토론 왕권이 부인을 29명이나 둔 것은 나라 안정에 도움이 되었을까?

1) 도움이 되었다.

왕건은 후삼국을 통일했지만, 힘을 가진 지방 호족 가운데 왕건 편이 아닌 세력도 있었다. 결혼을 통해 이들을 자기편으로 끌어들인 것은 나라를 안정시키는 데 도움이 되었다.

2) 도움이 되지 않았다.

왕건은 29명이나 되는 부인을 맞이해 아들 25명, 딸 9명을 두었다. 왕건이 죽은 다음 왕위 다툼이 벌어져 나라가 혼란해졌다. 결혼으로 지방 세력을 통합하기는 했지만, 왕위 계승이 안정되지 못했고, 호족들에게 많은 특권이 주어져 백성이 오히려 힘들어졌다.

역사에 비추어 보는 오늘

생각열기 1 예) 예전 사법시험은 시험에 합격하기만 하면 나이도, 경력도 문제가 되지 않았다. 그래서 젊은 나이에 법전만 열심히 공부해서 시험에 합격하는 경우가 많았다. 이들은 세상 경험과 다른 사람에 대한 공감 능력이 부족해 문제를 일으키는 경우들이 종종 있다. 다양한 전공과 경력을 가진 사람들이 법관이 되면 이러한 문제가 많이 해소될 것 같다.

생각열기 2 예) 로스쿨 제도는 취지에 공감하지만 대학을 졸업한 뒤 진학해야 하고 학비도 비싸 가난한 사람들이 다니기 어렵다는 비판을 많이 받는다. 이로 인해 법관도 돈 있는 사람들만 독점하는 현상이 나타나고 있다. 이러한 현상은 법률 서비스도 특정한 사람을 위한 것으로 바뀔 수 있으며, 법 앞에 만인이 평등하다는 개념이 사라질 위험성을 가지고 있다.

02 고려 사람들은 어떻게 살았나?

탐구 1 신분 제도

탐구하기 '소'에 사는 사람들은 금·은·철 같은 광물을 캐고, 직물·종이·도자기 같은 수공예품을 만들었다.

탐구 2 대외 무역

탐구하기 1 벽란도

탐구하기 2 고려는 송나라에서 비단과 차, 각종 약재, 책, 자기 같은 물품들을 수입하였다.

탐구 3 과거제와 교육 기관

탐구하기 음서제

해석 1 고려 시대에 여자는 당당했다

해석하기 1 고려는 재산을 물려줄 때도 아들 딸 가리지 않고 똑같이 나눠주었다.

해석하기 2 이승장을 친아버지가 생전에 다니던 사립 학교에 입학시켜서 학자가 되게 해야 한다고 주장했다.

해석 2 외국인이 본 고려 이야기

해석하기 귀족과 백성 사이에 빈부 차이가 심했다. 고기는 특별한 날에만 먹을 수 있는 음식이었고, 외출복으로 신분을 알 수 있었다.

토론 고려 시대에 여자는 차별받았을까?

1) 평등했다.

여자에게도 재산권이 있었고 남편이 죽은 뒤에는 여자가 가장이 될 수 있었다. 또 전 남편 자식을 데리고 재혼하더라도 그 자식이 사회 진출하는 데에 차별을 받지 않았다.

2) 차별받았다.

여자는 정치에 참여할 수 없었고, 사회 진출에 제한이 있었다. 또 여자들이 교육 받을 수 있는 기관이 없었다. 가정에서 실생활을 통한 가정교육만 받았고, 유교 경전과 한문학도 가르치지 않았다.

역사에 비추어 보는 오늘

생각열기 1 ▶ 고려 시대에나 요즘이나 사람들이 자식 교육을 위해 돈과 시간을 많이 들이는 까닭이 무엇인지 생각해 보는 문제입니다.

예 사교육을 통해 학생이 가지고 있는 소질과 관심 분야에 전문적인 교육을 받을 수 있고 학생 수준에 맞게 보충 학습 기회를 받을 수 있다.

생각열기 2 ▶ 외국어고, 과학고, 자사고 같은 학교에 학생들이 많이 모여들고 있습니다. 일반 학교들보다 이런 학교에 학생들이 많이 몰리는 까닭은 무엇인지 생각해 보는 문제입니다.

예 자사고와 외국어고, 과학고 학생들이 명문 대학 합격자 비율이 높고, 면학 분위기가 조성되어 있으며, 좋은 친구를 많이 사귈 수 있다고 생각하기 때문이다.

03 거란 침입과 여진 정벌

탐구 1 고려 초 국제 정세와 거란(요) 1차 침입

탐구하기 거란이 발해를 멸망시켰기 때문이다.

탐구 2 거란(요) 2차, 3차 침입

탐구하기 귀주 대첩

탐구 3 여진을 정벌한 윤관

탐구하기 별무반

해석 1 서희는 어떻게 강동 6주를 얻을 수 있었을까?

해석하기 거란이 송으로 안심하고 쳐들어가기 위해 고려와 화친을 맺으려 한다는 것을 알아챘기 때문이다.

해석 2 고려와 거란은 강동 6주를 통해 무엇을 얻었나?

해석하기 거란은 마음 놓고 송나라로 쳐들어 가 1004년 송과 '전연의 맹약'을 맺고, 중국 북쪽 땅을 차지한 다음, 침략하지 않기로 약속하고 해마다 많은 공물을 송나라로부터 받았다.

토론 윤관이 개척한 동북 9성을 돌려준 것은 잘한 일일까?

1) 잘한 일이다.

왜냐하면 지키기도 어렵고 옮겨온 백성도 살기가 어려웠기 때문이다. 여진족과 사이좋게 지내는 것도 덤으로 얻었으니 잘한 일이다.

2) 잘못한 일이다.

왜냐하면 물러갔던 여진족이 다시 들어오게 되어서 국경이 불안해졌고, 옮겨갔던 백성이 다시 돌아갈 수도 없고 그냥 살 수도 없는 상황이 되어버렸기 때문이다.

역사에 비추어 보는 오늘

생각열기 둘레 나라들이 원하는 것을 알아내서 서로 필요한 것을 주고받을 수 있도록 중간에서 설득하는 역할을 잘해야 한다.

04 문벌 귀족과 서경 천도 운동

탐구 1 **문벌 귀족이 생겨나다**

탐구하기 고려 건국에 공을 세운 호족과 6두품들이 새로운 지배층이 되었고, 이들 가운데 여러 세대에 걸쳐 높은 벼슬을 차지한 집안이 나왔다.

탐구 2 **이자겸의 난**

탐구하기 1 척준경

탐구하기 2 이(李)씨, 즉 이자겸이 왕이 된다는 뜻이다.

탐구 3 **서경 천도 운동**

탐구하기 독자 연호를 쓴다. / 금나라를 정벌해야 한다.

해석 1 **《삼국사기》와 《삼국유사》**

해석하기

	《삼국사기》	《삼국유사》
저자	(김부식)	(일연)
시기	고려 전기	(고려 후기)
역사 서술 방식	(기전체)	기사본말체
특징	현존하는 가장 오래된 역사서, 고조선과 발해에 대한 기록 없음	(단군 신화, 각종 설화와 향가 수록)

해석 2 **신채호가 평가한 서경 천도 운동**

해석하기 신채호는 일제 강점이 고려 때부터 이어져 온 사대주의 때문이라고 여겼다. 그래서 이를 바로잡으려 한 서경 천도 운동을 높게 평가했다. 하지만 개경파가 승리하면서 자주정신과 전통 사상이 무너지고 사대주의를 받드는 나라가 되었다고 생각했다.

토론 **묘청은 반역자일까, 선각자일까?**

1) 반역자이다.

아무리 좋은 평계를 대더라도 반란을 일으킨 것은 분명하니까 반역자이다.

2) 선각자이다.

고려를 금나라 속국이 아닌 자주 국가로 만들어야 한다는 생각을 하거나 어지러운 나라를 바로잡으려는 생각을 한 것은 나라를 위한 일이기 때문이다.

역사에 비추어 보는 오늘

생각열기 1 ⇨ 자신이 주인공이 되어서 생각해 보고 찬성할지 반대할지 선택해 보는 문제입니다.

예 반대한다. 왜냐하면 친구들과 헤어지는 것도 싫고, 서울에 있는 대학에 진학하려고 하므로 서울에 살아야 하고, 언젠가 아빠는 다시 서울로 발령받을 것이기 때문이다.

생각열기 2 ⇨ 오늘날 사람들이 이사를 하는 까닭에 대해 생각해 보는 문제입니다.

예 오늘날 사람들이 이사를 하는 까닭은 직장, 교육, 주거 환경 문제 등으로 크게 세 가지이다.

05 무신 정변, 그리고 농민과 천민 봉기

탐구 1 **차별받던 무신이 난을 일으키다**

탐구하기 무신에 대한 차별과 천대가 심했기 때문이다.

탐구 2 **무신 정권 100년**

탐구하기 교정도감

탐구 3 **농민과 천민이 봉기하다**

탐구하기 만적

해석 1 무신 정권이 가진 한계

해석하기 문신들이 하던 폭정을 그대로 이어받고 백성을 더욱더 수탈했다. 무신들은 서로 죽고 죽이는 권력 싸움을 벌이느라 백성을 돌보지 않았다. 또 행정 실무를 처리할 능력이 없는 무신이 많아 정치를 담당할 인재가 없었다.

해석 2 신분 의식이 흔들리다

해석하기 1 신분이 낮은 무신들이 권력을 잡고 천민 출신인 이의민이 최고 권력자가 되는 것을 보고 노비와 천민들도 신분이 높아질 수도 있다는 희망을 가졌다.

해석하기 2 지방 관리 수탈이 줄어들었고, 향과 부곡, 소 사람을 차별하지 않기도 했다.

토론 무신 정권이 등장한 것은 나라를 바로 세운 일일까?

1) 바로 세운 것이다.

문신 횡포를 막을 수 있었다. 신분이 낮았던 무신이 권력을 잡자 신분 의식이 크게 변화했다. 차별에 반발해 농민이나 천민이 들고 일어났고 그 덕분에 가혹한 세금이 줄어들거나 차별받던 향과 부곡, 소가 현으로 승격되기도 했다. 이렇게 차별을 바로잡는 계기가 되었기 때문에 무신 정권은 고려를 바로 세운 것이다.

2) 더 혼란스럽게 만든 것이다.

권력을 잡은 무신이 문신을 모두 몰아내자 나라를 다스릴 인재도 없어졌고, 좋은 제도들도 사라져버렸다. 무신은 행정 실무 능력이 없었기 때문에 나라를 다스릴 능력도 없었다. 이런 사람들이 백 년 동안이나 나라를 다스렸으니 나라꼴이 제대로 될 리가 없다. 나라를 혼란스럽게 만들었을 뿐이다.

역사에 비추어 보는 오늘

생각열기 ◐ 군인들이 권력을 잡았을 때의 문제점이나 한계를 생각해 보면서 쿠데타에 대한 의견이나 부작용을 묻는 문제입니다.

예 무력을 이용해 권력을 잡는 것은 옳지 않다. 왜냐하면 무력으로 진압하는 과정에서 사람들이 다치거나 공포에 떨 수 있고 공정한 정치를 할 수 없기 때문이다. 말을 바꾸거나 정치를 잘못해도 폭력을 당하거나 죽임을 당할 수도 있어서 옳은 의견을 말하기가 어렵다.

06 몽골과 벌인 전쟁

탐구 1 몽골 침입

탐구하기 몽골군은 말을 타고 하는 육상 전투에는 강했지만 해상 전투에 약했고, 강화도는 물살이 거칠고 험해서 건너기가 어려웠기 때문이었다.

탐구 2 삼별초 항쟁

탐구하기 1 배중손

탐구하기 2 강화도 – 진도 – 제주도

해석 1 백성들이 몽골에 맞서 싸운 까닭은?

해석하기 백성들은 나라가 지켜주지 않아서 스스로 자기 가족과 고장을 지킬 수밖에 없었다.

해석 2 삼별초는 무엇을 위해 싸웠나?

해석하기 고려 조정은 몽골에 항복했으나 삼별초가 항복하지 않고 맞서 싸우자 백성들은 삼별초와 힘을 합쳐 몽골에 맞서려고 했다.

토론 강화 천도는 나라를 지키기 위한 것일까? 권력을 지키기 위한 것일까?

1) 나라를 지키기 위한 것이다.

몽골은 막강한 군대였지만 해전에 약했기 때문에 강화도로 옮겨 몽골에 맞서 싸우려 한 것이다.

2) 권력을 지키기 위한 것이다.

몽골에 맞서 싸워볼 생각도 하지 않고 백성들을 버리고 강화도로 갔으며, 그곳에서도 사치스러운 생활을 했다. 아무것도 하지 않고 있다가 항복한 것을 보면 권력을 유지하려고만 한 것이다.

역사에 비추어 보는 오늘

생각열기 1 예 이긴 나라가 진 나라에 대해 요구할 수 있는 게 있다. 결국 경제나 자원 등 여러 면에서 이익을 취할 수 있다.

생각열기 2 예 테러를 막기 위해서 전쟁을 벌인다고 하지만, 결국 민간인들이 많이 희생된다. 또 살상 무기를 가지고 있다고 전쟁을 일으켜서 많은 사람들이 죽는다면, 살상 무기를 막는 것이 무슨 소용이 있는지도 생각해 보아야 한다. 그것은 전쟁을 일으키기 위한 핑계일 뿐이다.

07 빛나는 문화를 꽃피운 고려

탐구 1 고려청자

탐구하기 상감 청자는 표면에 그림을 그려서 파낸 후, 파낸 자리에 검은 흙이나 흰 흙을 메우고 유약을 발라 가마에서 구웠다.

탐구 2 합천 해인사 대장경판(팔만대장경)

탐구하기 고려는 부처님 말씀을 널리 알리기 위해 대장경을 만들었다.

탐구 3 금속 활자

탐구하기 《직지심체요절》은 현존하는 금속 활자 인쇄물 가운데 세계에서 가장 오래된 것이며, 인류 인쇄 역사와 기술 변화를 알려주는 매우 중요한 증거물이기 때문이다.

해석 1 팔만대장경을 온전하게 지킨 비결은?

해석하기 조상들 지혜로 자연환경을 철저히 분석해서 설계했기 때문이다.

해석 2 문익점은 목화씨를 붓두껍 속에 몰래 숨겨서 들여왔을까?

해석하기 백성들이 추위에 떨지 않고 따뜻한 겨울을 보낼 수 있도록 목화씨를 가지고 왔다.

토론 구텐베르크는 고려 인쇄술을 모방했을까? 스스로 발명했을까?

1) 고려 인쇄술을 모방했다.

활자 만드는 경험도 없던 구텐베르크가 10년도 안 되는 짧은 기간에 혼자 힘으로 금속 활자를 발명했다는 것은 믿기 어렵다. 구텐베르크 친구가 고려에서 가져온 여러 가지 인쇄 기술 기록을 보고 모방해서 만들었을 것이다.

2) 스스로 발명했다.

고려 인쇄술이 구텐베르크에게 직접 전해졌다는 사실을 증명하는 역사 기록은 없으며, 늦게 만들었다고 해서 먼저 만든 기술에 영향을 받았다고 볼 수 없으므로 구텐베르크가 스스로 발명한 것이다.

역사에 비추어 보는 오늘

생각열기 1 예 문화재에 대한 관심이 높지 않고, 직지상이 가진 가치와 의미를 효과적으로 알리는 홍보 활동도 부족했기 때문이다.

생각열기 2 예 직지상에 대해 알릴 수 있는 전문적인 행사와 홍보 활동이 필요하다. 《직지심체요절》에 대한 역사적 이해와 유네스코 세계 기록 유산에 선정된 이유, 직지상이 어떻게 제정되었는지에 대한 구체적인 정보를 시민 홍보단을 꾸려 온·오프라인 활동으로 일반 시민들에게 알려야 한다. 또 《직지심체요절》에 대한 우수성과 중요성을 세계 여러 나라 말로 설명한 번역본 등을 인터넷을 통해 알리는 홍보 활동도 필요하다.

08 원나라 지배와 공민왕

탐구 1 원나라 속국이 된 고려

탐구하기 • 원나라 공주와 강제로 결혼해야 했으며, 첫째 왕비로 삼아야 했다.
• 임금 시호에 '충(忠)'자를 넣어야 했다.
• 일본 원정에 동원되었다.

탐구 2 기황후와 신돈

탐구하기 전민변정도감

점 기준이 불명확하고, 도입 취지도 제대로 살리지 못해 수행 평가가 자리를 잡지 못하고 있다고 생각한다.

탐구 3 **공민왕이 펼친 개혁 정치**

탐구하기 • 몽골풍을 없애고 관제를 복구했다.

• 정동행성을 없앴다.

• 쌍성총관부를 공격했다.

• 친원 세력을 몰아냈다.

탐구 4 **몽골풍과 고려양**

탐구하기 고려병, 의술, 바둑

해석 **공민왕이 벌인 개혁은 무엇이 부족했을까?**

해석하기 개혁을 뒷받침해 줄 세력도, 재정도 부족했기 때문이다.

토론 **공민왕이 펼친 개혁은 성공한 것일까? 실패한 것일까?**

1) 성공한 것이다.

공민왕이 펼친 개혁에 반발한 권문세족은 개혁을 막는 데는 성공했지만, 고려가 무너지고 조선이 세워지면서 모든 것을 다 잃었다. 곧바로 결과를 만들어내지는 못했지만, 해결해야 할 문제가 무엇인지를 보여 주었기 때문에 성공한 개혁이다.

2) 실패한 것이다.

개혁은 당시 사회가 안고 있는 문제를 해결하고 나아가야 하는데, 지지 기반이 확고하지 않은 상황에서 개혁을 추진해 제대로 한 것이 없고 권문세족 힘만 더 키워줘 백성을 힘들게 만들었다.

역사에 비추어 보는 오늘

생각열기 1 ◑ 자신이 생각하는 수행 평가 문제가 무엇인지 정리해 보세요.

예 자기 주도 학습 능력 향상과 창의적 인재 육성을 목표로 시행한 수행 평가가 과정 중심이 아니라 결과 중심으로 평가받고 있는 것이 문제다.

생각열기 2 예 과정을 평가해야 하는데, 채점을 하기 위해서는 결과물을 중심에 둘 수 밖에 없다. 그러다보니 채

09 고려 말 혼란과 신진 사대부 성장

탐구 1 **권문세족과 신진 사대부**

탐구하기

	권문세족	신진 사대부
정계 진출	음서	(과거)
경제	(대지주)	중소지주
성향	보수적	개혁적
외교	친원파	(친명파)

탐구 2 **왜구로 인한 피해와 토벌**

탐구하기 사람이 죽거나 노예로 끌려감, 조운선이 공격받아 곡식을 빼앗김, 문화재 약탈 등

탐구 3 **화약을 만들어 왜구를 물리친 최무선**

탐구하기 화통도감

해석 1 **신진 사대부가 새로운 정치 세력으로 성장할 수 있었던 까닭은?**

해석하기 원나라가 약해지자 권문세족도 힘이 약해졌고, 신흥 무인 세력과 힘을 합쳐 권문세족이 부리는 횡포를 막아 백성으로부터 지지를 얻었기 때문이다.

해석 2 **화통도감은 왜 폐지되었나?**

해석하기 무력으로 반란을 일으키는 사람이 생기지 않게 하고 명나라와 불필요한 충돌을 피하기 위해서였다.

토론 **정몽주와 정도전, 누가 더 옳았을까?**

1) 정몽주다.

신진 사대부는 성리학을 공부한 학자이자 관리이다. 개혁을 추진하더라도 성리학에서 중시하는 '충신불사이군'을 따르는 것이 맞다.

2) 정도전이다.

고려는 이미 기울었고, 백성은 더 이상 고려를 따르려고 하지 않았다. 백성이 지지를 보내지 않는 개혁은 성공할 수 없다.

역사에 비추어 보는 오늘

생각열기 **예** 둘레 나라와 활발한 외교를 통해서 평화를 이어가면 된다.

10 새로운 나라, 조선이 세워지다

탐구 1 **고려 말 두 명장, 최영과 이성계**

탐구하기 황산 대첩

탐구 2 **위화도 회군**

탐구하기 이성계는 친명파였다. 게다가 요동 정벌에 성공하면 최영에게 공이 돌아갈 것이고, 실패하면 자기가 벌을 받을 것이기 때문이다.

탐구 3 **정도전과 이방원**

탐구하기 1 어진 재상, 강력한 왕

탐구하기 2 정도전 세력이 조선 건국에 공도 없는 방석을 세자로 책봉하도록 했으며, 사병을 정부군에 편입시키려 하자 이방원이 위기를 느꼈기 때문이다.

해석 1 **고려에서 조선으로 바뀌면서 무엇이 달라졌을까?**

해석하기 유교 국가가 되었고, 명나라를 섬겼다. 또 양반 관료 사회였고, 전국을 8도로 나누었다.

해석 2 **정도전이 꿈꾼 조선**

해석하기 백성을 중심으로 하는 새로운 국가를 건설하려했고, 성리학을 바탕으로 올바른 도덕 정치를 펴려 했다.

토론 왕권 정치와 신권 정치 가운데 어떤 정치가 더 백성을 위한 것인가?

1) 왕권 정치다.

왕이 강력한 왕권으로 나라를 이끌면 추진력이 생겨 일처리도 빠르다. 또 강력한 왕권 앞에서 신하들은 함부로 횡포를 부릴 수도 없게 되어, 그만큼 백성에게 도움이 된다.

2) 신권 정치다.

왕 혼자서 결정하는 것보다는 여러 사람이 토론을 통해서 올바른 정치를 이끌어 내는 것이 백성을 위해서 더 필요하다고 생각한다.

역사에 비추어 보는 오늘

생각열기 ⊃ 보수는 현재 상황을 유지하면서 점진적으로 바꾸려는 사람이고, 진보는 현재 상황을 급진적으로 바꾸려는 사람임을 알고 정몽주와 정도전의 입장을 생각해 보는 문제입니다.

예 • 보수적인 사람: 정몽주

그렇게 생각하는 까닭: 문제가 있어도 고려라는 나라는 유지한 채 개혁을 진행하려고 했다.

• 진보적인 사람: 정도전

그렇게 생각하는 까닭: 고려라는 나라를 유지한 채 개혁을 진행하기는 어렵다고 생각해 개혁을 하기 위해 새로운 나라를 세워야 한다고 했다.

11 조선, 나라 틀을 갖추다

탐구 1 **조선 시대 토지 제도**

탐구하기 1 경기도

탐구하기 2

실시 시기	토지 제도	주요 내용
1391	과전법	(농사를 짓는 땅에서 세금을 걷을 수 있는 권리인 수조권을 줌)
세조	(직전법)	현직 관리에게만 수조권 지급
(성종)	관수관급제	(지방 관청에서 세금을 걷어 관리에게 지급)
명종	(녹봉제)	토지 지급 x, 급여 지급

탐구2 유교와 풍수지리를 조화시킨 한양 천도

탐구하기

동대문	동소문	남대문	남소문
흥인지문	혜화문	숭례문	광희문
서대문	서소문	북대문	북소문
돈의문	소의문	숙정문	창의문

탐구3 태종, 왕권을 강하게 만들다

탐구하기1 태종이 태조에게 왕위 정통성을 인정받기 위해 차사들을 보냈는데, 태조에게 심부름을 가면 돌아오지 않았다는 말에서 생겼다.

탐구하기2 호패

해석1 토지 제도, 시대에 따라 변화하다

해석하기 시대마다 왕은 토지 제도를 개혁해 귀족들이 가진 힘을 약화시키려고 했다. 그러나 귀족들은 더 많은 땅을 차지해 힘을 키우고자 했다. 실제로 농사를 지으며 살고 있는 농민들을 위한 토지 개혁은 실시되지 않았기 때문이다.

해석2 천도는 왜 했을까?

해석하기 오랜 시간 조상 대대로 자리 잡고 살던 지방 귀족에게 도읍을 이전하니 왕과 함께 이사를 가자고 하는 것은 쉽게 결정하지 못할 일이다. 기존에 가지고 있던 세력을 버리고 새로운 곳에서 기반을 다지는 것은 어려운 일이기 때문에 반대했다.

토론 태조 이성계는 왜 한양으로 가려고 했을까?

예 한양은 나라 중앙에 있고 한강이 흐르고 있어, 세금을 운반하기 쉽다. 또 사방이 산으로 둘러싸여 방어에 유리한 위치이기 때문이다.

역사에 비추어 보는 오늘

생각열기1 **예** 재산을 많이 가진 사람이 나쁘다는 것은 아니다. 하지만 한 사람이 땅이나 집을 지나치게 많이 소유하면 다른 사람들에게 상대적인 박탈감을 줄 수 있다. 집은 재산을 늘리는 수단이 아니라 사람이 편안하게 거주할 수 있는 공간이었으면 좋겠다.

생각열기2 **예** 모든 사람이 공평하게 땅이나 집을 소유하는 것은 자본주의 국가 체제에서는 불가능하고, 올바른 일이 아니다. 다만 재산에 대한 세금이 공정하게 매겨진다면 사회적 불신이나 상대적 박탈감에 대한 우려를 줄일 수 있을 것이다.

12 빛나는 세종 시대

탐구1 백성을 가르치는 바른 소리, 훈민정음

탐구하기 '백성을 가르치는 바른 소리'라는 뜻이다.

탐구2 조선 최고 과학자, 장영실

탐구하기 자격루, 대간의와 소간의, 앙부일구, 일성정시의, 규표, 측우기와 수표(水標) 등

탐구3 천문 기기 제작과 역법서 편찬

탐구하기1 대간의, 소간의, 일구, 앙부일구

탐구하기2 《칠정산》

해석1 신하들은 왜 훈민정음 창제를 반대했을까?

해석하기 설총이 백성을 위해 이두를 만든 것처럼 한글도 새로운 것을 탐해서가 아니라 백성을 편안하게 하기 위해 만든 것이라고 밝힌 다음, '기예(새롭고 기이한 잔재주)'라 하는 것은 지나치다고 했다.

해석2 세종, 인재 등용에 특별함이 있었다

해석하기 세종은 결점보다는 자기 분야에서 재능을 발휘할 수 있는 환경을 만들어 주었다.

토론 장영실은 왜 다시 등용되지 않았을까?

예 당시 사회 구조 때문이다. 노비 출신인 장영실은 정3품 관직으로 신분이 급상승했다. 양반들에게는 눈에 거슬리는 일이었고, 많은 신하가 반대했다. 신분 제도가 혼

들리는 일에 위험을 느낀 계급에서 강하게 반대했기 때문에 더 이상 등용되지 못했다.

역사에 비추어 보는 오늘

생각열기 예 초등학생들이 학교 공부 이외에 학교와 학원 숙제 때문에 힘들어 하는 경우가 많다. 학교와 학원 등 빡빡한 일정으로 바쁘다보니 아이들은 친구 사이에 우정을 쌓기보다는 경쟁 대상으로만 여겨 인성 교육에 문제점이 있다.

아이들이 학원 시간을 줄이고 학교에서 친구들과 숙제를 한다면 아이들 사이에 우정과 추억을 쌓을 수 있는 시간이 될 것이다.

13 세조와 성종, 그리고 《경국대전》

탐구 1 계유정난, 수양 대군이 왕위를 빼앗다

탐구하기 1 황표정사

탐구하기 2 수양 대군이 단종 왕위를 뺏기 위해 김종서와 황보인 등 반대 세력을 역모로 몰아 죽이고 안평 대군을 귀양 보낸 뒤 사약을 내린 사건을 말한다.

탐구 2 단종 복위 운동, 사육신과 생육신

탐구하기 세조를 따르지 않고 단종을 다시 왕위에 올리려 한 신하 가운데, 처형된 신하들을 말한다. 성삼문, 박팽년, 이개, 하위지, 유성원, 유응부, 이렇게 6명 신하를 말한다.

탐구 3 국가 안정을 이룬 성종

탐구하기 사림파

해석 1 《경국대전》은 왜 만들어졌을까?

해석하기 우리나라 실정에 맞지 않는 중국법에서 벗어나 독자적인 법을 만들고, 중앙에서 지방까지 동일한 기준으로 나라를 다스리는 법치 국가를 만들기 위해서였다.

해석 2 《경국대전》도 한계가 있었다

해석하기 성리학에 기초를 두었기에 신분과 남녀, 직업 등에서 차별을 두었다. 예를 들면 과부가 다시 혼인하는 것을 금지하고, 서얼은 과거를 볼 수 없었으며, 노비는 억울한 일이 있어도 주인을 고발할 수 없었던 것처럼 사람을 차별하는 것이 법전에 정해져 있었다.

토론 계유정난은 반역이었을까, 나라를 위한 결단이었을까?

1) 반역이다.

정당하게 왕위를 계승한 단종을 몰아내고, 자신을 비판하는 사람은 잔인하게 죽였다. 또 자신을 도와준 부하에게 많은 땅과 권력을 주어 강력한 공신 세력이 만들어지는 계기가 되었기에 반역이라고 볼 수 있다.

2) 나라를 위한 결단이다.

정당하게 왕위를 계승한 단종이지만, 나라를 다스리기에는 너무 어렸고 수렴청정을 대신해 줄 어른도 없었다. 힘 있는 신하 몇 명이 나라를 다스리는 것은 문제가 있었기에 왕권을 강화하고 바로잡기 위한 결단이었다.

역사에 비추어 보는 오늘

생각열기 예 예로부터 서로 마음을 나누어 선물을 하거나, 감사 인사를 하는 미풍양속이 있었지만, 그것이 변질되어 청탁이나, 대가를 요구하는 문화가 된 것도 사실이다. 마음을 잘 전달하고, 감사함을 전달한다면 굳이 선물을 하지 않아도 될 것이다. 김영란법 때문에 정 문화가 사라지고 경제가 타격을 입는다는 것은, 당장 눈에 보이는 것만 보는 것이다. 꼭 선물 등이 아니라도 마음을 전할 수 있는 방법이 충분히 있다고 생각한다.

예 큰 선물이 아니더라도, 작은 선물 같은 것에 감사하는 마음을 담을 수 있다. 예를 들면 학생이 교사에게 감사 의미로 선물을 드릴 수도 있고 시민을 위해 일하는 공무원에게 음료수 같은 것을 순수한 마음으로 전달할 수도 있는데, 그런 것을 대가성이나 청탁 때문에 무조건 법으로 처벌하는 것은 과하다고 생각한다. 또 청탁이나 대가성이 아닌데도 선물을 할 수 없기에 그것으로 인해 경제를 어렵게 하는 면도 있다고 생각한다.

14 사림이 화를 입다, 4대 사화

탐구1 무오사화와 갑자사화, 사화가 시작되다

탐구하기 • 무오사화: 사관 김일손이 적어 놓은 '조의제문' 때문이다.
• 갑자사화: 연산군이 어머니인 폐비 윤씨 죽음에 대해 알게 되었기 때문이다.

탐구2 중종반정과 기묘사화

탐구하기 주(走)와 초(肖)를 합하면 조(趙)가 되어, 주초위왕은 '조씨가 왕위에 오른다.'는 뜻이다.

탐구3 을사사화

탐구하기 을사사화는 외척인 대윤과 소윤이 벌인 권력 다툼으로 일어났다.

해석1 중종은 훈구파 음모 때문에 조광조를 버린 것일까?

해석하기 중종은 조광조를 통해 훈구파를 약화시키고 왕권을 강화하려고 했다.

해석2 임꺽정은 의적일까? 도적일까?

해석하기 홍명희가 일제에 저항하는 뜻으로 《임꺽정》을 썼는데, 임꺽정을 가난하고 힘없는 사람을 위해 발 벗고 나선 의적으로 그렸기 때문이다.

토론 문정 왕후는 악녀일까? 당당한 여성 정치가일까?

1) 악녀다.
  어린 자기 아들을 왕위에 올린 다음 수렴청정으로 권력을 마음대로 휘둘렀고, 동생인 윤원형이 부정부패를 일삼아도 말리지 않았다. 나라를 다스리기보다는 자기 이익을 앞세웠으므로 악녀다.

2) 여성 정치가다.
  문정 왕후는 당당한 여성 정치가다. 유교 사상이 지배하는 사회에서 불교를 신봉하고, 수렴청정을 할 때 지나치게 자기주장을 펴는 정치를 했다는 빌미로 부당한 평가를 받은 것이다.

역사에 비추어 보는 오늘

생각열기 **예** 수시가 더 합리적이라고 생각한다. 모든 학생은 각각 다른 재능을 가지고 있다. 단순히 성적표만 보고 학생을 평가하면 그 학생이 자기 꿈을 위해 얼마나 많은 시간을 투자했고 열정적으로 노력했는지 알 수 없다. 수시는 자기 소개서에 자기 이야기를 담을 수 있기 때문에 노력 과정뿐만 아니라 어려움을 극복하는 태도, 가치관까지 볼 수 있어 학생을 판단하기에 더 적합하다고 생각한다.

15 임진왜란과 전후 복구

탐구1 임진왜란과 정유재란

탐구하기 '명나라를 치려고 하니 길을 비켜달라.'는 뜻이다.

탐구2 이순신과 한산도 대첩

탐구하기 학익진 전법

탐구3 스스로 일어나 전세를 뒤집은 의병

탐구하기 의병은 일본군이 진격하는 속도를 늦추어 관군이 전열을 가다듬을 시간을 마련해 주었고, 관군에게 사기를 북돋워 주었다.

탐구4 전후 복구와 중립 외교

탐구하기1 대동법 실시, 《동의보감》 편찬, 농지 개간 등

탐구하기2 중립 외교

해석 임진왜란 초반 조선이 무기력하게 당한 까닭은?

해석하기 오랫동안 큰 전쟁이 없어 군사력이 약해졌고

문제가 생기면 명나라가 해결해 줄 것이라고 믿었다. 또 일본을 한 수 아래로 여겨 방비를 게을리했기 때문이다.

토론 조선은 임진왜란에서 승리했을까? 패배했을까?

1) 승리했다.

전쟁 초기에는 고전했지만 영토를 지켰고 왕조를 이어갈 수 있었기 때문에 승리한 것이다.

2) 패배했다.

도요토미 히데요시가 죽으면서 일본군이 물러간 것이지 조선이 군사력으로 몰아낸 것이 아니다. 또 일본은 많은 물자와 인력을 얻었지만 조선이 얻은 것은 아무것도 없으니 패배한 것이다.

역사에 비추어 보는 오늘

생각열기 **예** 자기 나라에 이익이 없는데 군대를 보내 도와줄 나라는 없다. 스스로 문제를 해결하기 어려울 때도 있지만, 다른 나라의 도움에는 반드시 대가가 뒤따른다는 것을 알아야 한다. 다른 나라에 의존하지 않고 스스로 문제를 해결해 나가는 힘을 키워야 하는 것을 잘 보여 주는 사례이다.

16 인조반정과 병자호란

탐구1 인조반정과 정묘호란

탐구하기 인조반정

탐구2 병자호란

탐구하기 군신 관계

탐구3 효종과 북벌 정책

탐구하기 나선 정벌

해석1 엇갈린 두 형제, 소현 세자와 봉림 대군

해석하기 소현 세자는 청나라와 조선이 너무도 큰 차이

가 난다는 것을 깨달았고, 봉림 대군은 패전국 왕자라며 멸시를 받자 복수를 꿈꾸었기 때문이다.

해석2 북벌은 가능한 정책이었나?

해석하기 효종이 병자호란에서 당한 치욕을 되갚으려 했기 때문이다.

토론 인조반정은 반정일까? 반란일까?

1) 반정이다.

광해군은 대대로 섬겨오던 명나라를 멀리하고, 오랑캐인 후금을 가까이했다. 또 인목 대비를 폐하고 이복동생을 죽인 것은 인륜을 저버린 패륜이었다. 명분과 의리를 중시하는 사대부에게 광해군이 저지른 행동은 용서할 수 없는 일이었다. 이를 바로잡는 것은 당연한 일이다.

2) 반란이다.

광해군이 중립 외교를 펼쳐 나라가 안정을 찾고 임진왜란으로 인한 피해를 복구하고 있었는데, 인조반정으로 평화가 깨지고 또다시 전쟁을 불러와 나라는 혼란에 빠졌다. 인조반정은 권력에서 밀려난 서인들이 권력을 차지하기 위해 일으킨 반란일 뿐이다.

역사에 비추어 보는 오늘

생각열기 **예** 전쟁은 두 편으로 나뉘어 싸우는 것이다. 우리가 군대를 보내면 우리 생각과 달리 아군 또는 적군으로 구분된다. 그렇기 때문에 우리가 군대를 보내는 까닭이 평화를 위한 파병인지, 그 나라 사람을 돕는 일인지, 아니면 우리와 친한 나라가 요청해서 어쩔 수 없이 보내는 것인지를 먼저 생각해야 한다.

토론 잘하는 방법

　토론은 두 사람 이상이 상대방을 설득하기 위하여 서로 자기 의견을 내세우는 것입니다.

　토론을 잘 하려면 어떻게 해야 할까요?

　상대방을 존중합니다. 올바른 토론은 상대방 의견은 틀렸으니 무시하면서 내 생각만 고집하는 것이 아니라 상대방의 의견을 존중하면서 내 의견도 내세우는 것입니다. 그래야 상대방도 자기 생각만 고집하지 않고 내 생각을 존중해 줄 것입니다.

　'나라면 어떻게 할까'라고 생각합니다. 토론하는 문제에 대하여 나라면 어떻게 할까라고 생각하면 해결책도 쉽게 찾을 수 있을 것입니다. 내가 생각해서 좋을 것 같다는 생각이어야 다른 사람도 설득할 수 있습니다.

　상대방의 말을 잘 듣고 어떤 주장을 하는지 파악합니다. 토론은 말하기 보다 듣기라고 할 수 있습니다. 상대방 말을 잘 듣고 어떤 주장을 펼치는지 잘 이해하면 그 주장을 반박하고 더 좋은 자기주장을 내세우는 것도 쉬울 것입니다.

　또박또박 자기 주장을 말합니다. 말이 너무 빠르면 상대방이 알아듣기 어렵고, 내 주장을 상대방이 편안하게 받아들이기 어렵습니다. 하지만 또박또박 자기 주장을 펼치면 상대방도 내 말을 잘 이해할 수 있습니다.

　결론부터 먼저 말하면 눈길을 끌 수 있습니다. 결론부터 먼저 말하고 그 까닭을 이어서 말하면 듣는 사람이 관심을 집중시키게 되고 내 말을 잘 이해할 수 있게 됩니다.

　책을 많이 읽습니다. 토론할 주제에 대해 잘 알아야만 상대방을 쉽게 설득할 수 있습니다. 토론 주제에 대한 지식을 넓히는 방법은 풍부한 독서입니다.

살아있는 역사
재미있는 논술

❷ 고려 건국에서 병자호란까지

2007. 10. 15. 1판 1쇄 발행
2009. 2. 10. 1판 4쇄 발행
2017. 3. 20. 2판 6쇄 발행
2018. 6. 11. 개정증보 1판 1쇄 발행
2022. 3. 11. 개정증보 1판 2쇄 발행

지은이 | 모난돌역사논술모임
펴낸이 | 이종춘
펴낸곳 | **BM** ㈜도서출판 **성안당**

주소 | 04032 서울시 마포구 양화로 127 첨단빌딩 3층(출판기획 R&D 센터)
10881 경기도 파주시 문발로 112 파주 출판 문화도시(제작 및 물류)

전화 | 02) 3142-0036
031) 950-6300

팩스 | 031) 955-0510
등록 | 1973. 2. 1. 제406-2005-000046호
출판사 홈페이지 | www.cyber.co.kr
ISBN | 978-89-315-8157-7 (64900)
정가 | 17,000원

이 책을 만든 사람들

기획 | 최옥현
진행 | 오영미
교정·교열 | 오영미
본문 디자인 | 이은희
표지 디자인 | 김은영
일러스트 | 민재회
홍보 | 김계향, 이보람, 유미나, 서세원
국제부 | 이선민, 조혜란, 권수경
마케팅 | 구본철, 차정욱, 나진호, 이동후, 강호묵
마케팅 지원 | 장상범, 박지연
제작 | 김유석
사진제공 | 문화재청, 국립중앙박물관, 호암미술관, 헬로포토, 한국학중앙연구원, 모난돌역사논술모임

▪ 도서 A/S 안내

성안당에서 발행하는 모든 도서는 저자와 출판사, 그리고 독자가 함께 만들어 나갑니다.
좋은 책을 펴내기 위해 많은 노력을 기울이고 있습니다. 혹시라도 내용상의 오류나 오탈자 등이 발견되면 **"좋은 책은 나라의 보배"**로서 우리 모두가 함께 만들어 간다는 마음으로 연락주시기 바랍니다. 수정 보완하여 더 나은 책이 되도록 최선을 다하겠습니다.
성안당은 늘 독자 여러분들의 소중한 의견을 기다리고 있습니다. 좋은 의견을 보내주시는 분께는 성안당 쇼핑몰의 포인트(3,000포인트)를 적립해 드립니다.
잘못 만들어진 책이나 부록 등이 파손된 경우에는 교환해 드립니다.